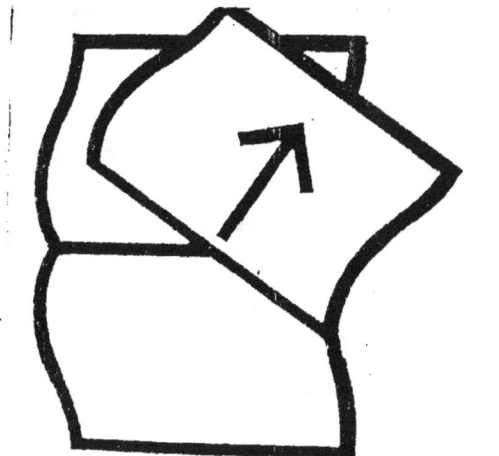

Couvertures supérieure et inférieure manquantes

RELIURE SERREE
Absence de marges intérieures

VALABLE POUR TOUT OU PARTIE DU DOCUMENT REPRODUIT

LES PRÉCOCES

TH. DOSTOIEWSKY

LES
PRÉCOCES

TRADUIT DU RUSSE PAR

E. HALPERINE-KAMINSKY

PARIS
VICTOR-HAVARD, ÉDITEUR
168, Boulevard Saint-Germain, 168

1889

Droits de traduction et de reproduction réservés.

PRÉCOCES

I

Nous sommes au commencement de novembre. Il fait un froid de onze degrés; il gèle. Il est tombé la nuit un peu de neige sur la terre glacée et un vent sec la chasse à travers les rues ennuyeuses de notre petite ville, et surtout vers la place du Marché. La matinée est brumeuse, mais la neige cesse de tomber.

Il y a, non loin de la place, une petite maison bien propre au dedans comme au dehors et qui appartient à la veuve du fonctionnaire Krasotkine.

Krasotkine, secrétaire provincial, est mort depuis longtemps déjà, quatorze ans environ; mais sa veuve, qui n'a qu'une trentaine d'années, est encore fort avenante et vit de « ses rentes » dans sa maison coquette.

Elle mène une existence honnête et discrète. Son caractère est doux mais ne manque pas de gaieté. Elle avait environ dix-huit ans à la mort de son mari et ne vécut qu'un an avec lui, juste le temps de mettre au monde un fils. Elle s'est consacrée depuis lors à l'éducation de son petit Kolia. Pendant ces quatorze années, elle a toujours vécu pour lui et en a eu plus de souffrances que de joies, craignant toujours une maladie ou une espièglerie de son âge, craignant qu'il ne tombât d'une chaise, etc.

Lorsque Kolia commença à aller à l'école et plus tard au collège, sa mère voulut aussi apprendre toutes les sciences pour l'aider, et elle répétait ses leçons avec lui. Elle faisait connaissance avec les professeurs de son fils, voyait leurs femmes, caressait ses camarades et faisait mille courbettes pour qu'on fût doux avec lui, pour qu'on ne battît pas son Kolia.

Le résultat de tout cela fut que les camarades se moquèrent tout à fait de Kolia, et qu'ils le taquinaient souvent en lui disant qu'il était bien sous les jupons de sa mère.

Le gamin, heureusement, sut se faire respecter. C'était un enfant qui avait de l'aplomb, était « terriblement fort », et il eut bientôt cette réputation dans l'école; avec cela, adroit, entêté, d'un caractère audacieux et entreprenant.

C'était un bon élève, et l'on disait

même qu'il aurait pu en mathématiques et en histoire en remontrer au professeur Dardanelov lui-même. Malgré cela et sa manière de regarder les gens en face, il était bon camarade et pas fier. Il acceptait comme une chose due la considération que lui accordaient ses condisciples, mais restait bon enfant, et observait en tout une certaine mesure ; il savait se contraindre et ne franchissait jamais cette certaine limite dans ses rapports avec ses supérieurs, au delà de laquelle l'escapade devient un signe de révolte.

Il ne manquait pas une occasion de faire une espièglerie, tout comme le dernier des gamins, pour faire montre de chic et de bravoure.

Kolia avait beaucoup d'amour-propre et savait dominer sa mère jusqu'au despotisme. La pauvre femme se soumettait, et depuis longtemps, mais elle ne pouvait se faire à cette idée que son garçon « l'aimait peu ». Il lui semblait toujours que Kolia manquait à son égard de sensibilité, et elle lui reprochait souvent sa froideur.

Cela ne plaisait pas à l'enfant, et plus on lui demandait de preuves d'affection plus il semblait se raidir volontairement. Il est vrai de dire qu'il ne le faisait que malgré lui, parce que sa nature était ainsi faite.

Sa mère se trompait : il l'aimait beaucoup, mais ne pouvait souffrir « les sensibleries », comme il le disait lui-même en son langage d'écolier.

Kratsotkine père avait laissé une bibliothèque renfermant quelques volumes. Kolia aimait à lire et avait déjà lu la plupart de ces livres. Sa mère ne s'en inquiétait pas et se contentait de s'étonner de ce que son fils passât des heures entières avec un livre au lieu d'aller jouer.

C'est ainsi que Kolia avait lu bien des choses qu'il n'aurait pas dû connaître à son âge. Aussi, dans les derniers temps, il s'était permis quelques escapades qui, bien que contenues dans certaines limites, avaient cependant effrayé sa mère. Il n'y avait là rien d'immoral, mais seulement de trop audacieux.

Pendant l'été dernier, en juillet, au moment des vacances, la mère et le fils étaient partis pour huit jours dans un autre district, en visite près d'une parente dont le mari était employé à la gare du chemin de fer.

Kolia examina en détail la voie ferrée et en étudia les côtés techniques pour faire valoir ensuite ses connaissances près des camarades du collège. Il y avait là justement des gamins avec lesquels il fit connaissance. Les uns habitaient dans la gare même et les autres dans le voisinage. Ils avaient tous de douze à quinze ans et deux d'entre eux étaient de notre ville.

Les gamins jouaient donc ensemble, le troisième ou le quatrième jour de l'arrivée de Kolia, à la gare, quand il s'engagea entre eux un pari de deux roubles fort stupide, comme on va voir : Kolia, qui était le plus jeune et que pour cette raison les autres méprisaient un peu, proposait de se coucher la nuit entre les rails pendant le passage d'un train et de rester là, immobile, jusqu'à ce que tous les wagons fussent passés.

On fit d'abord des études préparatoires qui démontrèrent qu'on pouvait ainsi s'aplatir entre les rails sans que le train pût toucher celui qui serait dessous. Mais, malgré tout, il fallait l'oser !

Kolia affirmait obstinément qu'il le tenterait. On se moquait de lui, le traitant de menteur et de fanfaron, mais ce n'était que pour l'exciter plus encore. Ce qui était vexant pour lui, c'était que ces jeunes gens de quinze ans étaient fiers à son égard et ne voulaient pas le considérer comme un camarade parce qu'il était trop jeune.

Il fut décidé qu'on se mettrait en route le soir à une verste de la station pour que le train partant de la gare eût déjà tout son élan. Les gamins prirent rendez-vous.

La nuit était non seulement sombre, mais tout à fait noire.

A l'heure fixée Kolia se coucha entre les rails. Les cinq autres gamins qui avaient tenu le pari, le cœur serré d'effroi et de remords, attendaient dans le buisson en bas du talus.

Enfin on entendit le bruit du train qui s'avançait. Les deux lanternes rouges luirent dans l'obscurité, le monstre s'approchait avec un bruit formidable.

— Sauve-toi! sauve-toi! crièrent à Kolia les gamins mourants de frayeur.

Il était déjà trop tard : le train arriva et passa comme un éclair.

Les gamins se précipitèrent vers Kolia. Il restait immobile. On se mit à le secouer et à le soulever. Tout à coup il se releva lui-même et descendit le talus en silence.

Quand il fut en bas, il déclara qu'il était resté ainsi sans connaissance pour les effrayer, mais la vérité était qu'il avait bien perdu connaissance comme lui-même l'avoua longtemps, bien longtemps après à sa mère.

C'est ainsi que Kolia s'acquit pour toujours une renommée de casse-cou.

Il rentra à la maison pâle comme un linge. Il eut le lendemain une fièvre nerveuse, mais il avait l'esprit libre et content.

On ne connut pas tout de suite son escapade, et ce ne fut qu'à son retour qu'elle se répandit dans la ville et vint jusqu'aux oreilles des autorités scolaires. La mère de Kolia dut supplier les maîtres de son fils, et ce ne fut que grâce à l'influence du respectable professeur Dardanelov qu'on put étouffer l'affaire.

Ce Dardanelov était un célibataire relativement jeune et depuis longtemps amoureux de Mme Krasotkine. Une fois même, un an auparavant, il s'était risqué, tout tremblant de peur, à lui demander sa main. Elle lui refusa net, considérant une acceptation de sa part comme une trahison envers son fils, bien que Dardanelov, à certains signes, pût voir qu'il n'était pas trop désagréable à la charmante mais trop vertueuse veuve.

La folle escapade de Kolia sembla

briser la glace, et l'on fit même une allusion aux espérances de Dardanelov, allusion, il est vrai, fort aléatoire ; mais comme Dardanelov était lui même un modèle de délicatesse, il n'en fallait pas plus pour le rendre heureux.

Il aimait Kolia, mais considérait qu'il était malséant de lui faire des avances, et il gardait envers lui une attitude sévère et exigeante.

Kolia, d'ailleurs, le tenait aussi à distance respectueuse ; il préparait bien ses leçons avec son professeur, et tous ses camarades croyaient fermement qu'il était assez fort en histoire pour damer le pion à son professeur.

Kolia lui posa une fois cette question : « Quel est le fondateur de Troie ? »

Dardanelov répondit vaguement, parlant des peuples anciens, de leurs émigrations, de l'éloignement de ces temps, de la mythologie, mais ne dit pas exactement quel personnage avait fondé la ville et trouva même la question oiseuse. Les élèves en conclurent que Dardanelov ne savait pas qui avait fondé Troie. Kolia, lui, avait lu dans le traité d'histoire de Smaragdov, trouvé dans la bibliothèque de son père, les origines de Troie.

Tout le monde s'occupa de savoir qui avait fondé Troie, mais le jeune Krasotkine ne voulait pas livrer son secret, et sa renommée de profonde érudition resta inébranlable.

II

On remarqua quelques changements dans les rapports de Kolia et de sa mère, après l'évènement du chemin de fer.

En apprenant l'exploit de son diable de fils, Anna Fédorovna Krasotkine faillit devenir folle de frayeur, et eut de telles crises pendant plusieurs jours que Kolia lui donna sa parole d'honneur qu'il ne recommencerait jamais. Il le jura à genoux devant les images et sur la mémoire de son père, comme sa mère l'avait exigé. Le « viril » Kolia pleura comme un enfant, et pendant tout un jour, la mère et le fils ne firent que s'embrasser et pleurer.

Mais le lendemain, Kolia s'éveilla « insensible » comme jadis, gardant seulement de cette scène un air plus modeste et un peu attendri, quelque chose de grave et de rêveur, ce qui ne l'empêcha pas, six semaines plus tard, de commettre une autre escapade et de se faire connaître de notre juge de paix. Cet incident, il est vrai, était d'un autre genre, et même tant soit peu ridicule, ce qui revient à dire qu'il n'en était pas l'auteur principal, mais seulement un simple acteur.

Mme Krasotkine tremblait toujours, et l'espoir de Dardanelov croissait en raison même de ces inquiétudes.

Tout cela n'échappait pas à Kolia qui méprisait beaucoup Dardanelov au sujet de ses sentiments.

Il fut indélicat au point d'afficher un certain mépris devant sa mère, montrant ainsi qu'il voyait bien ce que visait Dardanelov.

L'évènement du chemin de fer eut pourtant ce résultat de faire changer son attitude à ce sujet ; il n'osait plus faire d'allusions et parlait de Dardanelov avec une sorte de respect. Anna Fédorovna remarqua bien vite ce changement et lui en témoigna une profonde reconnaissance, ce qui ne l'empêchait pas de rougir comme une rose si quelqu'un y faisait, devant Kolia, une allusion quelconque.

Kolia, lui, se contentait de froncer les sourcils en regardant par la fenêtre, ou feignant de voir si ses chaussures ne s'usaient pas, ou encore d'appeler Pérezvon un vilain et sale chien qu'il avait eu on ne sait d'où le mois précédent, et qu'il gardait mystérieusement dans sa chambre, loin des yeux de ses camarades.

Il aimait beaucoup ce chien et l'avait bien fait souffrir pour lui apprendre toutes sortes de tours. Le chien l'aimait bien ausssi, hurlant quand son maître était absent, et témoignant sa joie, au retour, en faisant le beau, le mort, etc., toutes choses qu'on ne lui demandait point, mais qui prouvaient son exaltation de cœur et sa reconnaissance.

III

Ce matin de novembre où commence cette histoire, Kolia Krasotkine restait à la maison.

C'était un dimanche, et il n'y avait pas de classes. Onze heures venaient de sonner, et il lui fallait s'absenter absolument pour « une affaire d'importance ». Il restait pourtant à la maison parce qu'il était seul, tout le monde étant sorti.

Dans la maison de la veuve demeuraient, dans un appartement unique, composé de deux chambres, la femme d'un médecin et ses deux jeunes enfants.

Cette dame était du même âge que Anna Fédorovna et aussi sa grande amie. Son mari, le docteur, était parti depuis un an, d'abord à Orenbourg, puis à Tachkent, et l'on n'avait plus de ses nouvelles depuis six mois. Sans son amitié pour Mme Krasotkine qui la consolait, cette pauvre dame se fût desséchée de douleur.

Il se trouvait justement ce jour-là, et pour comble de malheur, que Katérina, l'unique bonne de la locataire, avait eu l'idée de mettre au monde un petit enfant, et comme elle était une excellente domestique, sa maîtresse l'avait conduite en lieu propice, chez une sage-femme, où elle était restée avec elle. On avait même eu besoin le matin du concours de Mme Krasotkine, qui pouvait obtenir, en cette occasion, la protection de quelque personnage et prouver avec son amitié les belles relations qu'elle possédait.

Agafia, la domestique des Krasotkine était au marché, et voilà comment Kolia eut, ce matin-là, la garde des « bambins », je veux dire du garçon et de la fillette du médecin.

Kolia n'avait pas peur de garder la maison. N'avait-il pas d'ailleurs avec lui Pérezvón, auquel il avait enjoint de se coucher « immobile » dans l'entrée. Et le bon chien restait là, osant à peine remuer la queue quand son maître passait d'une pièce dans une autre, et semblant implorer des yeux un sifflement qui l'eût délivré, mais qui ne se faisait pas entendre.

Kolia regardait Pérezvon d'un œil sévère, et le chien obéissait, se raidissant dans son immobilité.

Kolia s'inquiétait seulement des bambins. Il considérait avec un mépris profond l'accident qui arrivait à Katérina, mais il aimait les bambins abandonnés, et leur avait déjà apporté un livre d'images.

La fillette, Nastia, qui était l'aînée, avait huit ans et savait lire, et le petit garçon, Kostia, qui n'avait que sept ans, aimait beaucoup entendre lire sa sœur.

Krasotkine aurait bien pu les amuser d'une manière plus enfantine, c'est-à-dire les aligner comme les soldats ou jouer à cache-cache. Il avait déjà daigné le faire plus d'une fois, et l'on disait à l'école qu'il jouait au cheval avec ses petits locataires, en inclinant la tête de côté, comme un vrai cheval.

Krasotkine se défendait, il est vrai, de cette accusation en faisant valoir qu'en notre « siècle » il serait à la vérité très honteux de jouer au cheval avec des camarades de treize ans, mais qu'il le faisait avec les bambins, parce qu'il les aimait et que personne n'avait le droit de lui demander compte de ses sentiments.

Les bambins l'aimaient donc à l'adoration.

Ce jour-là, pourtant, il pensait à toute autre chose qu'au jeu. J'ai dit qu'il avait une affaire personnelle de la plus grande importance, une affaire presque mystérieuse, et justement Agafia, à laquelle il eut pu confier les enfants, ne revenait pas du marché.

Plusieurs fois déjà, il avait traversé le vestibule, regardant à travers la porte les bambins assis devant le livre, comme il le leur avait commandé, et qui lui souriaient de toute leur bouche, espérant qu'il allait leur faire voir quelque chose de bien joli et bien amusant. Mais Kolia les regardait d'un air grave et n'entrait pas.

Onze heures sonnèrent.

Kolia, exaspéré, décida que si dans dix minutes cette « maudite » Agafia n'était pas rentrée, il s'en irait, en recommandant aux bambins de ne pas avoir peur, de ne pas faire de sottises et de ne pas pleurer en son absence.

Kolia endossa donc son paletot fourré, passa son sac en bandoulière, et, malgré le froid et les recommandations de sa mère, il méprisa ses caoutchoucs et sortit en simples bottes.

En voyant son maître habillé, Pérezvon battit de la queue sur le parquet, tressaillit de tout son corps et poussa même un hurlement plaintif. Kolia trouva que cette passion trop accentuée de son chien était nuisible à la discipline, et il prit plaisir à le faire rester sous son banc et à ne le siffler qu'en ouvrant la porte de la rue.

Le chien accourut d'un bond et sauta devant lui fou de joie. Kolia traversa le vestibule et ouvrit la porte des « bambins ».

Ils étaient toujours assis devant la table, ne lisaient plus, mais discutaient avec animation. Ils causaient habituellement entre eux des questions de la vie de tous les jours, et Nastia, en sa qualité d'aînée, se donnait toujours raison. Pourtant quand Kostia n'était pas satisfait, ce qui arrivait très souvent, il en appelait au jugement de Krasotkine, qui était impartial pour les deux parties.

Ce jour-là, la discussion des bambins intéressa un peu Krasotkine, et il resta à la porte pour les écouter.

Les enfants s'en aperçurent, et ils continuèrent leur discussion avec plus de chaleur encore.

— Jamais, jamais je ne croirai, disait Nastia, que les sages-femmes trouvent les petits enfants dans le jardin sous les choux. Maintenant on est en hiver, et il n'y a pas de choux au jardin. La sage-femme n'a pas pu apporter une fille à Katérina.

— Euh! fit à part lui Kolia.

— Cela arrive encore qu'on en apporte, je ne sais d'où, mais seulement à celles qui sont mariées.

Kostia regarda fixement Nastia d'un air grave et fit un effort pour comprendre.

— Que tu es sotte, Nastia, dit-il enfin tranquillement. Comment Katérina peut-elle avoir un enfant, puisqu'elle n'est pas mariée?

Nastia s'anima davantage.

— Tu ne comprends rien, dit-elle, irritée. Elle a peut-être un mari, mais il est en prison, et c'est pourquoi elle a un enfant.

— Mais a-t-elle bien un mari en prison? demanda gravement le positif Kostia.

— C'est qu'il y a cela encore, répliqua vivement Nastia, oubliant sa première hypothèse. Elle n'a pas de mari, tu as raison, mais elle veut se marier, et elle se demande comment elle peut se marier, elle y pense même tellement qu'elle a non un mari, mais un enfant.

— Ah si c'est comme cela !... fit Kostia convaincu, mais il fallait me le dire avant. Comment puis-je le savoir, moi ?

— Eh bien, marmots, dit Kolia en entrant dans la chambre, vous êtes dangereux comme je vois.

— Est-ce que Pérezvon va aussi avec vous ? demanda Kostia avec un sourire épanoui, et il claqua des doigts en appelant Pérezvon.

— Je suis dans une situation difficile, enfants, fit Krasotkine avec dignité, et vous devez me venir en aide. Agafia s'est cassé une jambe, c'est sûr, c'est une affaire réglée, et moi j'ai besoin de sortir. Voulez-vous ou non me laisser partir?

Les enfants se regardèrent avec inquiétude. Leurs visages jusque-là souriants exprimèrent une sorte de frayeur. Ils ne comprenaient pas bien, d'ailleurs, ce qu'on attendait d'eux.

— Vous ne ferez pas de sottises en mon absence, vous ne monterez pas sur l'armoire pour vous casser les jambes, vous ne pleurerez pas?

Les enfants parurent fort chagrins.

— Pour la peine, je vous montrerai un jouet, un petit canon en cuivre avec lequel on peut tirer avec de la poudre.

Les visages des enfants se rassérénèrent.

— Montre-nous le petit canon, dit Kostia enchanté.

Krasotkine mit la main dans son sac, en retira un petit canon en cuivre et le mit sur la table.

— Voilà, je vous le montre. Il y a des roulettes.

Et il fit rouler le canon sur la table.

— On peut même le faire partir. On le charge avec du plomb et on tire.

— Et il tue ?

— Il tue tout le monde. On n'a qu'à viser.

Krasotkine expliqua alors où l'on mettait la poudre, où l'on mettait le plomb, montra le petit trou où l'on mettait le feu, ajoutant qu'il y avait du recul.

Les enfants écoutaient avec une curiosité très grande et étaient surtout frappés de ce qu'il y eût un recul.

— Est-ce que vous avez de la poudre ? demanda Nastia.

— Mais oui, j'en ai.

— Montrez-nous alors la poudre, fit la fillette avec un sourire suppliant.

Krasotkine chercha encore dans son sac et retira une petite bouteille où il y avait de la poudre et aussi quelques grains de plomb soigneusement enveloppés dans un papier. Il déboucha même la petite bouteille et versa un peu de poudre dans sa main.

— Voilà la poudre. Pourvu qu'il n'y ait pas de feu ici, car cela ferait explosion et vous tuerait tous, dit Krasotkine pour se donner de l'importance.

Les enfants regardaient la poudre avec une terreur respectueuse, qui ajoutait encore à leur joie.

Le plomb surtout enthousiasmait Kostia.

— Est-ce que le plomb brûle aussi ? demanda-t-il timidement.

— Non, cela ne brûle pas.

— Donnez-moi donc alors un peu de plomb, fit-il d'une voix suppliante.

— Je t'en donnerai un peu; voilà; mais ne le montre pas à ta maman avant mon retour, car elle croira que c'est de la poudre, aura peur et vous fouettera.

— Maman ne nous fouette jamais, fit remarquer bien vite Nastia.

— Je le sais, je l'ai dit seulement pour la phrase. Vous ne trompez pas votre maman, mais aujourd'hui vous ne direz rien avant que je ne revienne. Enfin, bambins, puis-je m'en aller? Vous ne pleurerez pas de peur quand je serai parti?

— Nous pleurerons, dit Kostia d'une voix traînante et comme s'il se préparait à pleurer.

— Oui, nous pleurerons, nous pleurerons certainement, ajouta tout de suite Nastia.

— Oh! enfants! enfants! Comme cet âge est dangereux. Il n'y a rien à faire, mes pigeons. Il faudra que je reste avec vous, je ne sais combien de temps. Et le temps! le temps...

— Si vous ordonniez à Pérezvon de faire le mort? demanda Kostia.

— Que faire! Il faut bien employer Pérezvon... Ici, Pérezvon!

Et Kolia commanda le chien, qui exécuta tout ce qu'on lui avait appris.

C'était un chien à longs poils, de la taille d'un chien de garde et de couleur gris de fer. Il louchait de l'œil droit et avait l'oreille gauche coupée. Il poussait de petits cris, sautait, marchait sur ses pattes de derrière, se mettait sur le dos, les pattes en l'air et, raidi dans cette posture, faisait le mort.

Pendant qu'il faisait ses exercices, Agafia, la domestique de Mme Krasotkine, une grosse femme grêlée d'une quarantaine d'années, ouvrit la porte et parut sur le seuil. Elle venait du marché et avait à la main un panier de provisions. Elle s'arrêta, tenant le panier à la main gauche, et regarda aussi le chien.

Malgré toute son impatience, Kolia n'interrompit pas la représentation, et força longtemps Pérezvon à faire le mort et ne le siffla qu'après un certain temps. Le chien bondit, joyeux d'avoir bien fait son devoir.

— Voyez-vous ce chien-là! dit Agafia d'un ton de mentor.

— Mais toi, sexe féminin, pourquoi es-tu en retard? demanda sévèrement Krasotkine.

— Moi, sexe féminin, voyez-vous ce gamin!

— Gamin?

— Oui, gamin. Est-ce que c'est ton affaire si je suis en retard. Si je le suis, c'est qu'il le fallait, grommela Agafia, déjà occupée à son fourneau. Elle ne répondait pas d'une voix méchante, mais plutôt comme si elle était satisfaite de cette occasion de causer un peu avec le joyeux petit barine.

— Ecoute, femme légère, fit Krasotkine en quittant son banc. Est-ce que tu pourrais jurer sur tout ce qu'il y a de saint au monde, et même plus, que tu garderas avec soin ces bambins en mon absence, car je vais sortir.

— Et pourquoi jurer ? dit Agafia en riant. Je les garderai bien sans cela.

— Non, il faut que tu jures sur le salut de ton âme, sans quoi je ne m'en vais pas.

— Eh bien, ne t'en va pas. Qu'est-ce que cela peut me faire ? D'ailleurs, il gèle, tu peux rester à la maison.

— Bambins, fit Kolia, en parlant aux enfants, cette femme va rester avec vous jusqu'à mon retour ou au retour de votre mère qui devrait, elle aussi, être rentrée depuis longtemps. Cette femme va vous servir à déjeuner.

— Tu leur donneras quelque chose à manger, Agafia.

— C'est possible.

— Au revoir, mes pigeons. Je m'en vais le cœur tranquille. — Toi, grand'-mère, ajouta-t-il d'un air important en passant devant Agafia, — j'espère que tu ne vas pas leur raconter vos histoires de femme à propos de Katérina, tu épargneras leur cerveau d'enfant. Ici, Pérezvon !

— Va-t'en donc au diable, dit Agafia avec humeur. Qu'il est stupide, cet enfant ; on devrait le fouetter pour des mots pareils.

IV

Kolia n'écoutait déjà plus. Enfin il pouvait partir. En passant la porte cochère, il regarda autour de lui en frissonnant et en murmurant : « Il gèle bien »; puis marcha droit dans la rue et prit à droite par une ruelle qui menait à la place du Marché.

Avant d'arriver à la dernière maison de la place, il s'arrêta, prit un sifflet dans sa poche et siffla tant qu'il put, comme pour donner un signal.

Il n'eut pas plus d'une minute à attendre. Un gamin joufflu sortit de la porte. Il avait une douzaine d'années et portait un paletot bien chaud et bien propre, de tournure élégante. C'était le camarade Smourov, de la classe préparatoire, c'est-à-dire de deux classes au-dessous de celle de Krasotkine. Son père était un fonctionnaire aisé, et ses parents ne lui permettaient pas de fréquenter Krasotkine en raison de la renommée de grande espièglerie de ce dernier.

Il était évident que Smourov venait en cachette.

— Il y a déjà une heure que je vous attends, Krasotkine, dit Smourov d'un air dégagé.

Les deux gamins se dirigèrent vers la place.

— C'est vrai, je suis en retard, répondit Krasotkine, il y avait des empêchements. Mais est-ce qu'on ne te fouettera pas si on te voit avec moi?

— Allons, est-ce qu'on me fouette ! Et Pérezvon est-il avec vous ?

— Pérezvon est là.

— Vous l'emmenez aussi là-bas ?

— Il viendra aussi.

— Ah ! si c'était Joutchka ?

— Impossible, Joutchka. Il n'y a plus de Joutchka ; elle est disparue dans la nuit de l'inconnu.

— Est-ce qu'on ne pourrait pas y faire quelque chose, fit Smourov en s'arrêtant tout à coup. Puisque Ilioucha nous a dit que Joutchka était aussi poilue et gris fer comme Pérezvon, ne pourrait-on pas lui dire que c'est Joutchka ? Peut-être il le croirait.

— Ecolier, fuis le mensonge, et d'un ; même pour faire une bonne action, et de deux... Mais je compte bien que tu n'as rien dit là bas de ma visite.

— Que Dieu m'en garde. Je comprends bien. D'ailleurs, Pérezvon ne le consolerait pas, dit Smourov avec un soupir. Ne sais-tu pas que son père, le capitaine, lui a promis de lui apporter aujourd'hui un jeune chien, un chien de race à museau noir. Il pense que cela consolera Ilioucha, mais je n'en crois rien.

— Et comment va-t-il Ilioucha ?

— Il va mal, très mal. Je crois que c'est la phtisie. Il a bien toute sa raison, mais c'est la respiration ; il respire mal.

Il a demandé l'autre jour qu'on le fît un peu marcher. On lui a mis ses bottines, et il a marché, mais il fléchissait à chaque pas. — Je te l'ai bien dit, papa, que mes bottines sont mauvaises. Déjà avant, j'y étais mal à l'aise. — Il croyait que c'étaient les bottines, mais c'était bien la faiblesse qui le faisait tomber. Il n'ira pas plus de huit jours. Le docteur Herzenschtubé le soigne en personne. Ils sont riches maintenant; ils ont beaucoup d'argent.

— Les coquins!

— Qui cela?

— Les médecins parbleu! et toute cette clique médicale en général comme en particulier. Moi, je nie la médecine. C'est une instruction inutile. J'approfondirai d'ailleurs tout cela. Au fait, qu'est-ce que cette sentimentalité? Il paraît que toute la classe vient le voir.

— Pas toute la classe, mais une dizaine des nôtres y vont tous les jours. Il n'y a pas de mal à cela.

— Ce qui m'étonne surtout dans cette affaire, c'est le rôle d'Alexey Chestomazov. On va juger demain ou après son frère pour un assassinat, et il trouve du temps pour faire de la sentimentalité avec des gamins.

— Il n'y a point de sentimentalité là

dedans. Ne vas-tu pas toi-même te réconcilier avec Ilioucha ?

— Me réconcilier ! Quelle expression ridicule. Je ne permets du reste à personne de chercher le mobile de mes actes.

— Comme Ilioucha va être content de te voir ! Il ne s'imagine même pas que tu puisses venir. Pourquoi donc es-tu resté si longtemps sans vouloir venir ? s'écria tout à coup Smourov avec chaleur.

— Mon cher ami, c'est mon affaire et non la tienne. J'y vais parce que cela me plaît, tandis que vous c'est Alexey Chestomazov qui vous y a menés. Il y a donc une différence. D'ailleurs, qu'est-ce qui te dit que j'y vais pour me réconcilier, expression stupide s'il en fut ?

— Mais ce n'est pas du tout Chestomazov qui nous a amenés. Nos camarades y ont été d'eux-mêmes, en compagnie de Chestomazov il est vrai, et cela n'avait rien d'extraordinaire. Il en est d'abord venu un, puis un autre. Son père en était très content. Il deviendra fou sûrement si Ilioucha meurt, et malheureusement cela arrivera. Il était bien joyeux de voir notre classe réconciliée avec son fils. Ilioucha t'a demandé aussi, mais sans dire autre chose. Il te demande et ne dit plus rien. Pour le père, il deviendra fou comme je te dis, ou bien il se pendra. Déjà il avait un peu l'air d'un fou. C'est un bien honnête homme après tout, et nous nous sommes trompés sur son compte. Tout cela est la faute du frère d'Alexey; ce parricide l'a battu.

— Pour moi, c'est un problème que cet Alexey Chestomazov. J'aurais pu faire depuis longtemps sa connaissance, mais en certaine occasion j'aime bien être fier. J'ai d'ailleurs à son sujet une certaine opinion que je dois contrôler et expliquer.

Kolia prit un air important et se tut. Smourov fit de même.

Il va sens dire que Smourov avait pour Kolia Krasotkine une sorte de vénération et n'avait même pas l'idée de pouvoir être son égal. Sa curiosité, en ce moment, était extrême, d'autant plus que Kolia lui avait dit qu'il venait de sa « propre volonté », et qu'il y avait un mystère dans sa résolution subite de faire cette visite.

Les deux garçons traversaient la place du Marché, où se trouvaient alors beaucoup de charettes et de volailles apportées pour la vente. Les marchandes de la ville étaient sous leur auvent avec les petits pains, le fil, etc. Ce marché du dimanche s'appelait naïvement la foire dans notre petite ville, et il y en avait bon nombre dans l'année.

Pérezvon courait tout à fait dispos, flairant quelque chose à droite ou à gauche. Quand il rencontrait d'autres petits chiens, il les flairait très volontiers et dans toutes les règles usitées chez les chiens.

— J'aime bien le réalisme, Smourov, dit Kolia tout à coup. As-tu remarqué comment les chiens se rencontrent et se flairent? Il y a là une sorte de loi générale de la nature.

— Oui, un peu ridicule.

— C'est-à-dire pas ridicule. Ce n'est pas le mot. Il n'y a rien de ridicule dans la nature, quoi qu'il puisse en paraître aux hommes remplis de préjugés. Si les chiens pouvaient raisonner et critiquer, ils auraient trouvé autant de ridicule, sinon plus, dans les rapports sociaux de leurs maîtres. Je dis si ce n'est plus, car je suis fermement convaincu qu'il y a chez nous bien plus de choses ridicules. C'est d'ailleurs la pensée de mon ami Nikitine, et une pensée remarquable. Je suis socialiste, Smourov.

— Et qu'est-ce que c'est qu'un socialiste ? demanda Smourov.

— C'est celui qui veut que tous soient égaux, que tous aient la même propriété, qu'il n'y ait pas de mariage, et quant à la religion et aux lois, que ce soit comme chacun voudra, etc. Tu n'as pas encore l'âge pour que j'en parle avec toi... Il fait froid aujourd'hui.

— Oui, douze degrés, mon père l'a vu tout à l'heure au thermomètre.

— C'est étrange. N'as-tu pas remarqué, Smourov, que lorsque l'on est au milieu de l'hiver et que le thermomètre marque quinze ou dix-huit degrés, il ne paraît pas faire aussi froid que lorsque au commencement de l'hiver il fait, comme aujourd'hui, douze degrés et qu'il y a peu de neige. Cela s'explique parce qu'on n'est pas encore habitué au froid. Tout est habitude chez les hommes, même dans leurs rapports politiques et sociaux. L'habitude est notre principal facteur... Que ce moujik est donc ridicule.

Et Kolia désigna un grand moujik en touloup, à l'air bon enfant, qui frappait l'une contre l'autre, pour chasser le froid, ses mains emmitouflées. Sa longue barbe était couverte de glaçons.

— La barbe du moujik est gelée, cria à haute voix et d'un air gouailleur Kolia en passant devant le paysan.

— Elle est gelée pour bien des gens, fit d'un air sentencieux le moujik sans plus s'émouvoir.

— Laisse-le tranquille, dit Smourov.

— Cela ne fait rien. Il ne se fâchera

pas. Tu vois bien que c'est un bon garçon. — Adieu, Mathieu!

— Adieu!

— Tu t'appelles donc Mathieu?

— Mais oui; tu ne savais pas?

— Non, je ne savais pas, j'ai dit cela comme autre chose.

— Vraiment. Tu es un écolier, n'est-ce pas?

— Écolier.

— Eh bien, est-ce qu'on te fouette?

— Non, pas tout à fait, mais comme cela.

— Et cela te fait mal?

— Ce n'est pas pour dire.

— Ah quelle vie! dit le moujik avec un soupir qui partait du cœur.

— Adieu! tu es un bon garçon, voilà ce que je te dis.

Les gamins continuèrent leur route.

— C'est un bon moujik, dit Kolia. J'aime à parler avec le peuple, et je suis toujours bien aise de lui rendre justice.

— Pourquoi lui as-tu fait croire qu'on nous fouette? demanda Smourov.

— Mais c'était pour lui faire plaisir.

— Comment cela ?

— Vois-tu, Smourov, je n'aime pas qu'on me fasse des questions si on ne me comprend pas au premier mot. Il y a certaines choses qui s'expliquent difficilement, qu'on ne peut même pas expliquer. Pour les moujiks, on fouette un écolier, et il faut le fouetter. Qu'est-ce que ce serait qu'un écolier qu'on ne fouetterait pas? Et j'irais lui dire que chez nous on ne le fait pas? Mais cela le chagrinerait. Tu ne comprends d'ailleurs rien à cela. Il faut savoir parler au peuple.

— Seulement ne les taquine pas, je t'en prie, car il arriverait une histoire comme l'autre jour avec cette oie.

— Toi, tu as peur!

— N'en ris pas, Kolia. Certainement que j'ai peur. Mon père aura une grande colère. Tu sais qu'on me défend de sortir avec toi.

— Ne t'inquiètes pas, il n'arrivera rien aujourd'hui..... Bonjour, Natacha, cria-t-il à une marchande sous un auvent.

— Quelle Natacha suis-je pour toi? Je suis Maria, s'écria d'une voix aigre la marchande, qui était encore assez jeune.

— C'est bien à toi d'être Maria. Adieu.

— Ah! petits vauriens. Ils ne sortent pas seulement de terre qu'ils s'en mêlent aussi.

— Je n'ai pas le temps, je n'ai pas le temps aujourd'hui de causer avec toi, fit Kolia; tu me diras cela dimanche prochain.

Et il gesticulait comme si c'était elle et non lui qui eût engagé la conversation.

— Et qu'est-ce que j'ai à te raconter dimanche prochain ? C'est toi qui m'as cherché et non pas moi, effronté que tu es, se mit à crier Maria. On devrait te fouetter ; voilà ce qu'il te faudrait. Tu es déjà bien connu pour venir insulter les gens. Voilà !

Les autres marchandes qui avaient leurs boutiques auprès de Maria se mirent à rire. A ce moment sortit de dessous les arcades des magasins de la ville un jeune homme qui avait l'air d'un commis, mais qui n'était pas de l'endroit. Il portait un long caftan bleu et une casquette. Son visage pâle était long et un peu grêlé et ses cheveux étaient bruns. Il avait l'air agité par quelque stupide émotion, et il menaça Kolia du poing.

— Je te connais! criai-t-il d'une voix courroucée, je te connais!

Kolia le regarda sans broncher. Il n'avait pas souvenir d'avoir jamais eu maille à partir avec cet homme, mais il avait tant de colloques dans les rues qu'il ne pouvait en être bien sûr.

— Tu me connais? demanda-t-il ironiquement.

— Je te connais! je te connais! répétait stupidement le commis.

— Alors tant mieux pour toi, mais je n'ai pas de temps à perdre ici. Adieu.

— Pourquoi cherches-tu querelle aux gens? répliqua l'employé. Oh! je te connais. Tu veux encore nous quereller!

— Cela, mon bon, ne te regarde pas si je cherche querelle à quelqu'un, fit Kolia en s'arrêtant et en le regardant encore.

— Comment cela ne me *regarde* pas?

— Mais oui, ne te *regarde* pas.

— Et bien! qui est-ce que cela *regarde*?

— Cela, mon frère, cela *regarde* Trifon Nikititch, et pas toi.

— Quel Trifon Nikititch? demanda le commis stupéfié, mais toujours plus irrité.

Kolia l'examina de la tête aux pieds d'un air d'importance.

— Es-tu allé à Voznésénié? demanda Kolia d'un ton sévère et impératif.

— Quel Voznésénié? Et qu'y faire? Non, je n'y suis pas allé, fit le commis interloqué.

— Connais-tu Sabanéiev? répliqua Kolia d'un ton plus impératif encore.

— Quel Sabanéiev?... Non, je ne le connais pas.

— Eh bien! alors, va te moucher, conclut Kolia, et tournant les talons il continua son chemin comme s'il en avait assez de parler avec un pareil nigaud qui ne connaissait même pas Sabanéiev.

— Arrête donc un peu, eh! De quel Sabanéiev parles-tu? s'écria le jeune commis revenu de sa stupéfaction et tout hors de lui.

— De quoi parle-t-il donc? demanda-t-il aux marchandes d'un air tout stupide.

Celles-ci se mirent à rire.

— Quel malin que ce gamin-là! fit une d'elles.

— Mais enfin de quel Sabanéiev parlait-il? répétait toujours le commis, criant à tue-tête et le bras levé.

— C'est probablement de ce Sabanéiev qui était en service chez Kouzmitchev. C'est de celui-là, fit une marchande, comme si elle avait deviné.

Le commis la regarda fixement.

— Kousmitchev! dit une autre, mais ce n'est pas un Trifon. Son nom est Kousma et non Trifon, et le gars l'appelait Trifon Nikititch. Ce n'est donc pas celui-là.

— Vois-tu bien, ce n'est ni Trifon ni Sabanéiev, c'est Tchijov, ajouta alors une troisième marchande qui s'était tue jusque-là, se contentant d'écouter gravement. — C'est un Alexey Ivanovitch Tchijov, Alexey Ivanovitch.

— C'est cela. C'est bien ce Tchijov, confirma une quatrième marchande.

Le commis abasourdi regardait tantôt l'une, tantôt l'autre.

— Mais pourquoi m'a-t-il demandé ça? Pourquoi me l'a-t-il demandé, bonnes gens, criait-il, au comble du désespoir : — « Connais-tu Sabanéiev ? » Le diable sait quel Sabanéiev.

— Voyons, étourdi que tu fais, n'entends-tu pas que ce n'est pas de Sabanéiev, mais de Tchijov qu'il s'agit, de Tchijov, Alexey Ivanovitch, lui criait aux oreilles une des marchandes d'un ton tout à fait persuasif.

— Eh bien, quel Tchijov ? Dis donc un peu si tu le sais.

— Mais ce grand avec sa barbe qui venait au marché cet été.

— Mais qu'est-ce que cela me fait votre Tchijov, bonnes gens ?

— Comment sais-je, moi, ce qu'il te fait ?

— Qui peut savoir pourquoi tu as besoin de lui, ajouta une autre; tu dois le savoir toi-même pour crier ainsi à tue-tête. C'est à toi et pas à nous que le gamin a parlé, nigaud ? Tu ne le connais pas, c'est bien vrai ?

— Qui ?

— Tchijov !

— Que le diable emporte le Tchijov et toi avec. Je veux le battre, ce gamin, voilà ! Il s'est moqué de moi.

— C'est Tchijov que tu veux battre ?

C'est peut-être lui qui te battra. Tu es un imbécile, c'est moi qui te le dis.

— Pas Tchijov, mauvaise femme, c'est le gamin. Que je l'attrape ! Il s'est moqué de moi.

Les marchandes furent prises d'un fou rire. Pendant ce temps Kolia était parti d'un air vainqueur et se trouvait déjà loin. Smourov marchait près de lui, se retournant à chaque instant du côté du groupe qui criait en arrière.

Smourov était toujours de bonne humeur, mais il craignait aussi d'avoir avec Kolia quelque mauvaise affaire.

— Quel est ce Sabanéiev dont tu lui as parlé ? demanda-t-il en se doutant toutefois de la réponse.

— Je n'en sais pas plus que toi. Maintenant ils vont crier avec cela jusqu'au soir... J'aime bien exciter les imbéciles dans toutes les classes de la société. En voilà justement encore un, ce moujik qui est là-bas... Imagine-toi qu'on dit que rien n'est plus bête qu'un Français bête. La physionomie russe en dit pourtant assez. N'est-il pas écrit sur le nez de ce moujik qu'il est un imbécile ?

— Laisse-le, Kolia, et passons notre chemin.

— Pour rien au monde je ne le laisserais. Je suis parti, vois-tu, maintenant.

— Eh! bonjour, moujik!

Un fort moujik marchait lentement, et l'on voyait facilement qu'il avait déjà bu un coup. Son visage était rond et simple, sa barbe grisonnante.

Il leva la tête et regarda le gamin :

— Eh bien! bonjour, si ce n'est pas pour te moquer, répondit-il sans se presser.

— Et si c'est pour plaisanter ? fit Kolia en riant.

— Si tu plaisantes, eh bien ! c'est

comme tu voudras. C'est permis. Cela ne fait pas de mal de rire.

— Pardon, frère, je plaisantais.

— Alors que Dieu te pardonne.

— Mais toi, me pardonnes-tu ?

— Je te pardonne de bon cœur, va ton chemin.

— Voyez-vous celui-là ! Mais tu es peut-être un moujik qui ne serait pas bête.

— Plus intelligent que toi, répondit le moujik d'un ton grave.

— Ça, je n'en suis pas sûr, répliqua Kolia interloqué de la réponse.

— Je te le dis, tu peux le croire.

— C'est possible, après tout.

— A la bonne heure, frère.

— Adieu, moujik.

— Adieu !

— Il y a toutes sortes de moujiks, dit Kolia à Smourov après un long silence. Comment pouvais-je penser que je tomberais sur un qui n'est pas bête. Je suis, d'ailleurs, toujours prêt à reconnaître l'esprit qu'il y a dans le peuple.

L'horloge de la cathédrale sonnait onze heures et demie dans le lointain.

Les jeunes garçons allongèrent le pas, et le reste du chemin jusqu'à la maison du capitaine Sneguirev, père d'Ilioucha, fut bientôt parcouru, sans qu'ils eussent ajouté une parole.

Vingt pas avant d'arriver à la maison, Kolia s'arrêta et dit à Smourov d'aller en avant et de demander à Chestomazov de venir le rejoindre.

— Il faut nous sonder d'abord, dit-il à Smourov.

— Pourquoi lui dire de venir ici? demanda Smourov, tu peux bien entrer comme cela et l'on sera très content, et sans qu'il faille faire connaissance ici sur la neige.

— C'est à moi de savoir s'il faut la

faire ici sur la neige, répondit Kolia d'un ton sec et despotique.

Il aimait beaucoup à traiter ainsi ses « petits ».

Smourov courut donc exécuter son ordre.

V

Kolia s'appuya contre la haie d'un air grave ; et attendait l'arrivée de Chestomazov. Depuis longtemps, il désirait le rencontrer. Il en avait beaucoup entendu parler par ses camarades ; mais il affectait jusqu'ici une indifférence qui touchait au mépris quand on lui en causait; il critiquait même ce qu'on lui en rapportait.

Il désirait beaucoup intérieurement faire sa connaissance. Il y avait dans ce qu'on lui disait de Chestomazov quelque chose de sympathique et d'attrayant.

Ce moment était donc pour lui de la dernière importance. D'abord il ne fallait pas paraître son inférieur et au contraire lui faire montre d'indépendance.

« Autrement il va penser que je n'ai que treize ans et me prendre pour un gamin comme ceux-là. Que lui importe donc toute cette marmaille ? Je le lui demanderai quand nous nous connaîtrons. Ce qui est mauvais, c'est que je sois de si petite taille. Pouzikar est plus jeune que moi, et il me dépasse d'une demi-tête. Il est vrai qu'en revanche mon visage prouve l'intelligence. Je ne suis pas beau, je sais bien, mais je n'ai pas l'air d'un sot. Et puis il ne faut pas trop d'épanchements. Si je vais à lui les bras ouverts, il pensera peut-être... Pouah ! ce serait dégoûtant s'il le pensait !... »

C'est ainsi que se tourmentait Kolia,

tout en s'arrangeant une pose indépendante. Ce qui le tourmentait le plus était sa petite taille, et moins son « dégoûtant visage » que sa taille par trop exiguë. Depuis l'année dernière, il a fait une marque au crayon dans un coin de sa chambre pour marquer sa hauteur, et il vient se mesurer là tous les deux mois avec une bien grande émotion. Hélas! c'est à peine s'il grandit, et cela le met au comble du désespoir.

Son visage était loin d'être « dégoûtant », il avait même une physionomie avenante avec son teint pâle semé de petites taches de rousseur. Ses petits yeux gris et vifs avaient des regards audacieux et s'allumaient parfois d'un éclair sentimental. Il avait les pommettes un peu larges, les lèvres petites et très rouges. Son nez court se redressait fièrement. « J'ai pourtant le nez tout à fait camus », murmurait-il souvent en passant devant une glace, et il s'éloignait indigné ; parfois il se demandait même s'il avait le visage intelligent.

Il ne serait pourtant pas juste de dire que Kolia était tout à fait absorbé par ses réflexions au sujet de son visage et de sa taille, bien au contraire. Il oubliait vite tout cela, et pour longtemps, dès qu'il avait tourné le dos à la glace, « se donnant tout entier à la vie réelle », selon son expression.

Alexey Chestomazov arriva bientôt, se dirigeant vers Kolia d'un pas précipité; celui-ci s'aperçut quelques pas à l'avance de l'air joyeux d'Alexey.

« Serait-il donc si content de me voir ? » pensa Kolia non sans quelque satisfaction.

Son étonnement augmenta encore en remarquant qu'Alexey, dans son empressement à venir à lui, n'avait même pas mis un paletot.

Alexey tendit simplement la main à Kolia.

— Vous voilà! Combien vous étiez attendu de nous tous.

— Il y avait une raison que je vous dirai tout à l'heure. Je suis bien aise en tout cas de faire votre connaissance. J'attendais depuis longtemps cette occasion ayant beaucoup entendu parler de vous, fit Kolia légèrement ému.

— Nous nous connaissions déjà, et j'avais aussi beaucoup entendu parler de vous. Mais pourquoi êtes-vous venu si tard?

— Et comment cela va-t-il ici, je vous prie?

— Ilioucha va très mal, il est perdu certainement.

— Que me dites-vous? Vous conviendrez, Chestomazov, que la médecine est une tromperie, s'écria avec emportement Kolia.

— Ilioucha se souvenait bien souvent de vous et jusque dans son délire; on voit bien que vous lui étiez jadis très cher, avant l'affaire du couteau. Et puis, il y a encore une autre raison... Est-ce que c'est votre chien?

— Mais oui, il s'appelle Pérezvon.

— Et pas Joutchka? dit Chestomazov d'un ton à la fois interrogatif et suppliant; Joutchka est donc bien perdue?

— Je sais que voudriez tous revoir Joutchka, répondit Kolia avec un sourire énigmatique.

— Je veux tout vous dire, Chestomazov, et vous expliquer l'affaire. C'est pour cela que je vous ai demandé de venir ici avant d'entrer :

Ilioucha est venu, ce printemps dernier, en classe préparatoire. Vous savez bien ce qu'est notre classe préparatoire : des enfants, des petits gamins.

On a donc taquiné Ilioucha. Pour moi, comme j'étais de deux classes au-dessus, j'ai vu cela de loin. Je remarque un petit garçon faible qui ne se soumet pas, mais va jusqu'à se battre avec les enfants, tout fier de cela et les yeux en feu. Moi, j'aime ces natures-là. Les enfants continuaient à le taquiner de plus en plus. Il avait par-dessus le marché un mauvais paletot, des pantalons courts et des bottines déchirées; ce fut une raison de plus pour lui en vouloir. On l'humilia donc. C'est une chose que je n'aime pas; aussi je l'ai défendu et j'ai corrigé les autres, ce qui ne les empêchait pas de m'adorer, ces enfants — ajouta Kolia avec orgueil. — D'ailleurs, j'aime bien les enfants; même en ce moment, j'ai chez moi deux pigeons, et c'est à cause d'eux que je suis en retard... Donc Ilioucha ne fut plus battu et passa sous

4.

ma protection. C'était, je vous l'ai dit, un garçon plein d'amour-propre, et pourtant il m'obéit bientôt comme un esclave et se soumit sans réplique au moindre ordre que je lui donnai; et il me vénéra comme un Dieu. Pendant la récréation il venait bien vite me trouver, et nous nous promenions ensemble. De même le dimanche. On se moque dans notre lycée de voir un aîné se lier si intimement avec un plus jeune, mais ce n'est là qu'un préjugé. Cela me plait, cela suffit. Je l'instruis, je développe son intelligence. Pourquoi ne pas le faire si cela me convient? Vous, par exemple, Chestomazov, vous vous êtes lié avec ces enfants; c'est pour les développer et leur être utile. Je vous avouerai même que c'est ce trait de votre caractère qui en vous m'a le plus intéressé. Pour en revenir au fait, j'ai vu qu'il y avait chez cet enfant beaucoup de sentimentalité; or, je suis depuis mon enfance ennemi de toute sentimentalité. J'ai vu encore chez lui des contradictions; sa fierté et sa fidélité d'esclave envers moi, par exemple. Et encore cette fidélité d'esclave et ces yeux étincelants qui ne veulent point céder, quand même nous devrions nous mettre en colère. Parfois, je lui exposais mes idées, et sans qu'il fût en désaccord avec moi sur ces idées, je m'aperçus qu'il m'en voulait, et tout simplement parce que je répondais avec froideur à sa tendresse. Donc, pour le contredire, je fus d'autant plus froid qu'il était plus expansif. J'ai agi ainsi avec lui parce que telle est ma conviction. Je voulais faire de lui un caractère, l'égaliser, en faire un homme enfin... Vous comprenez le reste, n'est-ce pas ? Or, je remarque qu'un jour, puis un autre, puis un troisième, Ilioucha est tout chagrin.

Il ne s'agit plus alors de sentiments, mais bien de quelque chose d'autre, plus grave et plus élevé. Qu'est-ce que cela veut dire? me suis-je demandé. Je le questionne et voilà ce que j'apprends : il avait je ne sais comment fait connaissance avec Smerdiakov, le laquais de feu votre père, et ne voilà-t-il pas que ce laquais donna l'idée au petit sot de faire une stupide escapade, ou plutôt une action basse et sauvage, de prendre enfin un morceau de pain, de mettre dedans une épingle et de le jeter à un chien dans la rue, à un chien affamé qui avalerait d'un coup le morceau, puis de regarder alors ce qu'il en arriverait. Ils arrangent un morceau de pain et le jettent à la pauvre Joutchka, dont il s'agit maintenant. C'était un de ces chiens des rues, qui ne mangent pas souvent et hurlent au vent toute la journée... Est-ce que vous aimez ces hurlements, Chestomazov ? Moi, je ne puis les souffrir... Vous devinez que le chien se jeta sur le pain, l'avala, tourna, hurla, puis se mit à courir et disparut toujours en criant. C'est ainsi du moins que me l'a conté Ilioucha lui-même. Il pleurait à chaudes larmes en me faisant cette confidence; il me mit les bras autour du cou et répéta en tremblant : « Elle court et elle crie!... » Ce tableau avait fait sur lui une grande impression; il avait du remords. Je pris la chose au sérieux.

Déjà auparavant, je voulais gronder; en sorte que je pris un air indigné et que j'exagérai la chose:

« Tu as fait là une mauvaise action, lui dis-je. Tu n'es qu'un misérable. Certes, je n'en parlerai à personne, mais je romps toute relation avec toi. Je veux étudier l'affaire et te ferai connaître le résultat par Smourov. » C'est ce petit, vous savez, qui est venu avec moi et qui toujours m'a été très attaché. — « Je verrai plus tard si je peux continuer à te garder mon amitié ou si je dois pour toujours t'abandonner comme un misérable. »

Mes paroles le frappèrent terriblement, et déjà, je vous l'avoue, je sentais que peut-être j'avais été trop loin. Mais que pouvais-je faire, puisque je le pensais.

Le lendemain, j'envoie Smourov pour l'avertir que « je ne lui parle plus », car c'est ainsi qu'on rompt chez nous ses relations avec un camarade.

J'avais l'intention de l'éprouver pendant quelques jours, puis de lui tendre la main en voyant son repentir.

C'était du moins ma ferme intention. Eh bien, que pensez-vous qu'il fît? Après avoir écouté Smourov, ses yeux s'allumèrent : « Dis de ma part à Krasotkine, s'écria-t-il, que maintenant je vais jeter du pain avec des épingles à tous les chiens. A tous! tous! entends-tu? »

L'esprit de révolte s'empare de lui, me dis-je tristement. Il faut le chasser.

A partir de ce moment, j'affectai pour lui le plus profond mépris, me détournant en souriant ironiquement chaque fois que je le rencontrais.

C'est justement vers cette époque que son père fut traîné par la barbe dans la rue et ne sut pas venger cet affront. Cet événement le rendit tout à fait irritable.

Voyant que je l'avais abandonné, ses camarades le poursuivirent de leur ironie au sujet de l'aventure de son père. Il s'ensuivit des batailles que je regrette beaucoup, car je crois bien qu'une fois on l'a tout à fait meurtri. Un jour, à la sortie de la classe, il se jeta sur nous tous; je me trouvais à dix pas de lui, et je le regardais tranquillement.

Je vous jure que je ne me souviens aucunement d'avoir ri en ce moment-là. J'avais même pour lui une grande pitié et peu s'en est fallu que je ne prisse sa défense.

Tout à coup nos regards se rencontrèrent. Je ne sais ce qu'il vit dans mes yeux, mais il saisit son canif, se jeta sur moi et me l'enfonça dans la cuisse droite. Je ne bougeai pas, et pourtant je suis parfois brave, Chestomazov. Je me contentai de le regarder fixement avec mépris comme pour lui dire : « Tu voudrais peut-être recommencer pour l'amitié que j'ai eu pour toi. Eh bien, je t'attends. »

Il ne recommença pas, et n'y tenant plus il jeta son canif, se mit à sangloter et se sauva. Je n'ai rien dit de cette affaire, et j'ai commandé aux autres de n'en rien dire pour qu'elle n'arrivât pas aux oreilles de l'autorité. Je ne l'ai même avoué à ma mère que lorsque la plaie fut cicatrisée ; ce n'était d'ailleurs qu'une égratignure. C'est ce même jour-là qu'il a jeté des pierres aux camarades et vous a mordu le pouce à vous-même. Dans quel état il était, vous pouvez juger.

Que fallait-il que je fisse ? J'avais agi sottement. Quand il est tombé malade je n'ai pas été lui pardonner, c'est-à-dire faire la paix avec lui, et je m'en repens.

Il est vrai qu'il y avait de ma part une raison particulière. Vous savez maintenant toute l'histoire.... J'avoue quand même que je n'ai pas bien agi...

— Comme c'est dommage, s'écria Chestomazov, de n'avoir pas connu plus tôt vos relations ; autrement je serais déjà venu vous trouver pour vous amener chez lui. Vous me croirez si vous voulez, mais même dans son délire, il parlait de vous et vous ne savez pas combien vous lui êtes cher. Est-il donc possible que vous n'ayez pas retrouvé cette Joutchka! Son père et tous ses camarades l'ont cherché dans toute la ville. Trois fois, li a répété à son père tout malade et désolé : « Papa, je suis malade parce que j'ai tué Joutchka. C'est Dieu qui m'a puni. » Et il était impossible de l'arracher à cette pensée.

Si seulement on pouvait trouver Joutchka et lui montrer qu'elle vit, je crois qu'il ressusciterait de joie. C'est en vous que nous avons mis notre confiance.

— Mais dites-moi pour quelle raison on espérait que ce serait moi, et non pas un autre qui retrouverait Joutchka, demanda Kolia avec une grande curiosité.

— On disait que vous la cherchiez et que vous l'amèneriez quand vous l'auriez trouvée. Smourov nous avait dit quelque chose comme cela. D'ailleurs, nous tâchons de persuader à Ilioucha que Joutchka est vivante et qu'on l'a vue quelque part. Ses camarades lui ont apporté je ne sais d'où un lièvre vivant, mais il n'a fait que le regarder en souriant et a demandé qu'on veuille bien le lâcher dans les champs, et nous l'avons fait. Son père lui a apporté aujourd'hui un jeune chien de race, pensant que cela le consolerait, mais la vue du chien n'a fait qu'ajouter à sa tristesse.

— Dites-moi donc encore, Chestomazov, ce que c'est que son père. Je ne le connais pas. Que serait-il d'après vous? Un bouffon? Un paillasse?

— Non! Il y a des gens qui sentent profondément, croyez-moi, mais qui sont des hommes abattus. Leur bouffonnerie est quelque chose comme une amère ironie qui s'adresse à ceux auxquels ils ne peuvent dire franchement la vérité, par suite d'une habitude de timidité humiliante. Croyez, Krasotkine, qu'une telle bouffonnerie est parfois bien tragique. Tout ce qui lui reste aujourd'hui sur la terre s'est concentré en Ilioucha, et si Ilioucha meurt, il en perdra la raison ou bien se suicidera. J'en suis presque certain maintenant quand je l'examine de près.

— Je vous comprends, Chestomazov, je vois que vous connaissez l'âme humaine, ajouta Kolia avec un accent de conviction sincère.

— Et moi, en vous voyant avec le chien, j'ai pensé que c'était Joutchka que vous ameniez avec vous.

— Attendez, Chestomazov, peut-être trouverons-nous Joutchka, mais celui-là est Pérezvon. Je vais le faire entrer dans la chambre, et il distraira plus peut-être Ilioucha que son petit chien de race. Attendez, Chestomazov, vous allez voir quelque chose tout à l'heure.

— Mon Dieu, mais je *vous retiens* ici, fit tout à coup Kolia. Vous êtes en jaquette par un tel temps, et je *vous retiens*. Comme je suis égoïste. Nous sommes tous des égoïstes, Chestomazov.

. — Ne vous inquiétez pas. Il fait froid, il est vrai, mais je n'ai pas peur du froid. Il serait bon de rentrer. A propos, comment vous nommez vous-donc? Je sais que vous vous nommez Kolia et puis...

— Nikolaï, Kolia est un diminutif de de Nikolaï Ivanovitch Krasotkine, ou comme on dit dans les actes fils de Krasotkine, dit en riant Kolia, en ajoutant aussitôt : Certes, je méprise mon nom de Nikolaï.

— Et pourquoi cela?

— C'est trivial. .

— Vous avez treize ans ? demanda Chestomazov.

— C'est à dire quatorze. Je les aurai

dans quinze jours. Ce n'est pas loin comme vous voyez. Eh bien, Chestomazov, je veux vous avouer tout d'abord une faiblesse qui vous fera voir tout de suite quel est mon caractère : je n'aime pas qu'on me demande mon âge, je ne puis même le supporter... Et puis... on répand à mon sujet cette calomnie que j'ai joué la semaine dernière aux brigands avec ceux de la classe préparatoire. Pour avoir joué, c'est exact, mais avoir joué pour mon plaisir, c'est tout à fait une calomnie.

J'ai lieu de croire que ce bruit est arrivé jusqu'à vous. J'ai donc joué pour ces enfants, qui sans moi ne pouvaient rien trouver d'amusant. On aime bien chez nous répandre ces bêtises; c'est la ville des commérages, je vous assure.

— Mais quand ç'aurait été pour votre plaisir, je ne vois pas où serait le mal.

— Oh! pour moi... Vous ne vous mettriez pas à jouer aux chevaux, vous, par exemple?

— Ah! vous raisonnez comme cela, répondit Alexey avec un sourire. Et pourtant, au théâtre ce sont des adultes, et on y représente des aventures de héros, avec des brigands et des batailles. N'est-ce pas la même chose en son genre? Le jeu de la guerre ou des brigands pour des jeunes gens, pendant la récréation, est comme l'enfance de l'art qui fait naître dans les âmes jeunes le goût de l'art, et bien souvent ces jeux sont plus logiquement composés que les représentations théâtrales. Il y a toutefois cette différence qu'on va voir jouer les acteurs au théâtre, et que dans ces jeux les jeunes gens sont acteurs eux-mêmes. Cela est plus naturel.

— C'est bien votre pensée, votre conviction? demanda Kolia avec un regard scrutateur. Savez-vous que vous émettez là une pensée)rt curieuse, que j'approfondirai en rentrant chez moi.

Je m'attendais bien, je vous avoue, à apprendre de vous quelque chose. Je suis venu me mettre à votre école, Chestomazov, conclut Kolia d'une voix expansive.

— Et moi à la vôtre, répondit Alexey en lui serrant la main.

Kolia était fort satisfait de son interlocuteur; il se trouvait frappé d'être avec lui sur le pied de l'égalité et de ce qu'il voulut bien lui parler comme à un « grand ».

— Je vais tout à l'heure vous montrer des tours, Chestomazov, quelque chose qui ressemble à une représentation théâtrale, fit Kolia avec un rire nerveux. C'est pour cela que je suis venu.

— Entrons d'abord chez le maître de la maison. Tout le monde laisse le pardessus au vestibule, car dans la chambre on est à l'étroit, et il fait chaud.

— Oh, je ne rentrerai qu'un instant et je puis garder mon pardessus, dit Kolia en franchissant le seuil. — Pérezvon restera ici dans le vestibule et fera le mort : « Ici, Pérezvon, couche-toi et fais le mort! » Vous voyez, le voilà mort. Moi, je vais entrer, examiner la place, et quand le moment sera venu, je sifflerai Pérezvon, et vous le verrez se précipiter dans la chambre comme un fou.

Il faut seulement que Smourov n'oublie pas alors d'ouvrir la porte. Je prendrai mes mesures, et vous verrez ses tours.

VI

L'appartement qu'habitaient le capitaine Sneguirev et sa famille était plutôt une izba qu'un appartement, tant il était encombré par les meubles et les gens. On y voyait un grand poêle russe, et du poêle à la fenêtre était tendue une corde où pendaient des chiffons de toute sorte. Le long des murs, à droite et à gauche, se trouvaient des lits recouverts de tricots.

Il y avait sur le lit de gauche quatre coussins couverts d'indienne, plus petits les uns que les autres. L'autre lit n'avait qu'un très petit coussin. Un coin de la chambre était séparé par un rideau, ou plutôt par un drap tendu sur une corde. On apercevait derrière ce rideau un troisième lit arrangé sur un banc et une chaise. Une simple table en bois blanc était près de la fenêtre du milieu, car il y avait trois fenêtres aux carreaux verts et assombris par le temps et la poussière ; la chaleur était très grande.

Il y avait beaucoup de monde dans la chambre ; c'étaient des camarades d'Ilioucha, et bien qu'ils eussent pu affirmer le contraire, c'était bien Alexey Chestomazov qui les avait réunis pour faire la paix avec Ilioucha.

L'art de Chestomazov, en cette circonstance, avait consisté à les amener là tous, l'un après l'autre, comme par un effet du hasard.

Ce concours d'amis apportait un

grand soulagement au petit malade.

La tendre amitié, la compassion même de tous ces enfants, ses ennemis d'hier, le touchaient au dernier point. Il ne manquait que Krasotkine, et son absence lui pesait lourdement sur le cœur.

Cet épisode de sa vie où il s'était jeté, le couteau à la main, sur Krasotkine était le plus amer des souvenirs du malade, et surtout parce que Krasotkine avait été jadis son unique ami et son défenseur.

L'intelligent Smourov, qui était venu le premier faire la paix avec Ilioucha se doutait bien de cela. Malheureusement, quand il eut dit à Krasotkine, avec bien des détours, qu'Alexey désirait le voir pour « une affaire importante », celui-ci ne le laissa pas achever et dit à Smourov de transmettre ceci à Alexey : qu'il savait ce qu'il avait à faire, qu'il ne demandait de conseils à personne, et que s'il allait voir le malade, il le ferait quand il voudrait, ayant ses raisons pour cela.

Cette réponse avait été transmise quinze jours avant ce dimanche, et c'est pourquoi Alexey n'avait pas été chez Kolia, comme il en avait l'intention. Deux fois, pourtant, il avait envoyé Smourov chez Krasotkine, et chaque fois il lui avait été répondu par un refus absolu et plein d'impatience. Kolia avait même ajouté que si Chestomazov venait le chercher lui-même, il n'irait jamais chez Ilioucha et qu'il tenait à ne pas être importuné davantage.

Smourov lui-même ignora jusqu'au dernier jour que Kolia avait résolu de rendre, ce dimanche, visite à Ilioucha, et ce n'est que la veille au soir que Kolia lui avait dit tout à coup de l'attendre à la maison le lendemain matin pour aller avec lui chez les Sneguirev ; mais il lui avait surtout recommandé de n'en parler à personne, car il désirait arriver sans être attendu.

Smourov avait obéi, mais il n'avait eu l'espérance de lui voir amener Joutchka qu'en raison de quelques paroles échappées par hasard : « Ce sont tous des ânes pour ne pouvoir trouver un chien s'il est vivant. »

Pourtant, quand Smourov fit part à Krasotkine de ses idées relatives à ce que le chien n'était peut-être pas perdu, son ami lui avait répondu d'un ton fort irrité :

— Il faudrait que je fusse un âne pour chercher dans la ville les chiens des autres quand j'ai mon Pérezvon. Et puis, il faut être fou pour penser qu'un chien qui a avalé une épingle puisse être encore en vie. Tout cela n'est que de la sentimentalité !

VII

Comment donc Alexey Chestomazov avait-il fait la connaissance d'Ilioucha et était-il devenu l'intime de sa famille ?

Un jour qu'Alexey, après avoir passé la grande place, s'engageait dans la ruelle Mikhailovska, il aperçut au bas du petit pont un groupe d'écoliers. C'étaient de jeunes gamins de neuf à douze ans tout au plus. Ils sortaient de classe et retournaient à la maison, portant leur sac sur le dos ou en bandoulière. Ils étaient vêtus indifféremment de jaquettes et de pardessus.

Quelques-uns avaient des bottes à haute tige, avec des plis, de celles-là dont s'enorgueillissent certains enfants gâtés par des parents riches.

Le groupe d'enfants parlait de quelque chose avec une grande animation, et il était évident qu'on tenait conseil.

Alexey ne passait jamais indifférent auprès des enfants. A Moscou déjà il les fréquentait souvent. Il aimait en particulier les bambins de trois ans; mais les écoliers d'une douzaine d'années étaient aussi ses amis. Aussi, bien qu'il fût préoccupé en ce moment, il eut envie d'aller près d'eux et d'engager conversation.

Tout en s'approchant, il examinait leurs visages roses et animés, et il s'aperçut que tous, ou à peu près, avaient des cailloux dans les mains.

A trente pas du groupe et près d'une haie se trouvait un autre gamin. C'était aussi un écolier portant le sac sur l'épaule et dont la taille annonçait dix ans, moins peut-être. Il avait le teint pâle et l'air maladif. Ses petits yeux noirs étincelaient.

Il regardait avec une grande attention les six autres écoliers sortis avec lui de l'école, mais avec lesquels il paraissait en mésintelligence.

Alexey s'approcha, et s'adressant à un gamin aux joues roses et qui avait un veston noir, il lui dit :

— Quand j'avais aussi un sac comme le vôtre, on le mettait du côté gauche pour qu'on y pût prendre aisément avec la main droite. Vous le portez, vous, du côté droit, et cela est peu commode.

Sans rien de préconçu, Alexey commença la conversation sur cette observation toute spéciale, qui était cependant la meilleure chez un homme pour obtenir de suite la confiance d'un enfant, et surtout d'un groupe d'enfants. Il faut avec eux débuter avec un air sérieux et important comme si l'on était sur le pied d'égalité. Alexey savait cela d'instinct.

— Mais il est gaucher, répondit un autre gamin qui paraissait avoir environ onze ans et qui avait très bonne mine.

Les autres, curieusement, fixèrent aussitôt leurs yeux sur Alexey.

— Il sait aussi lancer des pierres de la main gauche, fit un troisième.

Justement, à cet instant, une pierre tomba au milieu du groupe en effleurant le gaucher; mais elle tomba plus loin sans toucher personne, bien que lancée par une main adroite et énergique.

C'était le gamin près de la haie qui avait envoyé cette pierre.

— Vise le bien et attrape-le, Smourov! s'écrièrent les écoliers.

Smourov, le gaucher, n'avait pas attendu l'invitation et riposta tout de suite.

Il envoya un caillou à son adversaire, mais sans l'atteindre. L'autre renvoya une pierre dans le groupe, et ce fut Alexey qui la reçut douloureusement dans l'épaule.

Bien qu'il y eût trente pas de distance, on voyait cependant que les poches du petit étaient remplies de pierres.

— C'est vous qu'il a visé, c'est exprès qu'il l'a lancée sur vous. Vous êtes Chestomazov! s'écrièrent en riant les gamins.

— Eh bien, feu! tous ensemble!

Six pierres partirent du groupe en même temps.

Une pierre toucha le gamin à la tête et le renversa. Mais il fut vite debout, et il se mit à riposter avec rage dans la direction du groupe.

D'un côté et de l'autre s'engagea une

fusillade nourrie, et l'on put voir que plusieurs des gamins avaient aussi dans leurs poches une provision de pierres.

— Que faites-vous là! N'avez-vous pas honte, messieurs! Six contre un, mais vous allez l'assommer!

Il quitta vivement le groupe, en s'exposant aux pierres et protégeant de son corps le gamin qui était près de la haie.

Trois ou quatre des gamins s'arrêtèrent un instant.

— C'est lui qui a commencé le premier, dit d'une voix d'enfant irrité un gamin en blouse rouge. — C'est un vaurien. Tout à l'heure, dans la classe, il s'est jeté à coups de canif sur Krasotkine et l'a blessé jusqu'au sang. Krasotkine n'a pas voulu rapporter, mais il faut lui donner une bonne leçon...

— Mais pourquoi l'a-t-il fait? Ne l'avez-vous pas exaspéré lui-même?

— Tenez, voilà encore qu'il vous envoie une pierre dans le dos. Il vous connaît bien, firent les enfants. C'est à vous qu'il en veut maintenant, et plus à nous.

— Allons, encore une fois, tous ensemble. Ne le rate pas, Smourov !

Et la fusillade recommença, plus dangereuse cette fois.

Le gamin près de la haie reçut une pierre en pleine poitrine. Il jeta un cri, puis se mit à pleurer et s'enfuit en remontant la rue.

— Ah ! ah ! il a eu peur cette fois ; il se sauve... Motchalka ! (1) s'écriait-on dans le groupe.

— Vous ne savez pas encore, Chestomazov, quelle canaille il fait. Le tuer ne serait pas assez, répéta le gamin au veston, l'œil enflammé. C'était celui qui paraissait le plus âgé du groupe.

— Et qu'est-ce qu'il fait? demanda

(1) Mot russe qui signifie brosse à frictionner.

Alexey. Est-ce qu'il rapporte, ou quoi?...

Les gamins se regardèrent entre eux avec un sourire.

— Vous allez, je crois, dans la même direction que lui; eh bien, rattrapez-le. Vous voyez, il s'est arrêté et vous attend.

— Il vous regarde, répétèrent les autres.

— Demandez-lui donc s'il aime une motchalka de bains toute défaite. Entendez-vous, demandez-lui ça.

Un rire général accueillit ces paroles.

Alexey regardait les enfants qui le regardaient aussi.

— N'y allez pas, il va vous faire du mal, s'écria Smourov.

— Messieurs, je ne lui parlerai pas de motchalka, car c'est probablement avec cela que vous l'irritez; mais il me dira pourquoi vous le haïssez pareillement.

— C'est cela, demandez-le-lui, demandez-le-lui! firent en riant les gamins.

Alexey passa le petit pont et se dirigea, en suivant la haie, du côté du gamin si détesté.

— Prenez garde ! criaient les enfants derrière lui, il n'aura pas peur de vous et vous enverra aussi un coup de couteau sans crier gare, comme il a fait à Krasotkine.

Le gamin l'attendait sans bouger. Quand Alexey fut plus près, il aperçut un enfant qui paraissait avoir neuf ans tout au plus ; il était chétif et de petite taille ; sa figure était longue et pâle, ses yeux étaient grands et sombres, et il regardait Alexey d'un air méchant.

Il portait un pardessus très usé qui n'était plus à sa taille ; les manches trop courtes laissaient voir ses bras nus. Son pantalon avait au genou droit une large pièce, et l'on voyait à l'extrémit de sa botte, à l'endroit du pouce, un grand trou mal dissimulé avec de l'encre. Les deux poches de son par-dessus étaient bondées de pierres.

Alexey s'arrêta devant lui, à deux pas, en l'interrogeant du regard.

Le gamin devinant aux regards d'Alexey qu'il n'était pas venu dans une intention hostile quitta son attitude provocante et lui adressa le premier la parole.

— Je suis seul, et ils sont six; et tout seul je les battrai! s'écria-t-il les yeux flamboyants.

— Une pierre a dû vous frapper en vous faisant beaucoup de mal, remarqua Alexey.

— Et moi j'ai atteint Smourov à la tête, fit l'autre.

— Ils m'ont dit là-bas que vous me connaissiez et que vous m'aviez jeté une pierre parce que vous m'en voulez de quelque chose, dit Alexey.

Le gamin jeta sur lui un regard triste.

— Je ne vous connais pas. Me connaissez-vous ? demanda de nouveau Alexey.

— Fichez-moi la paix! répondit le gamin d'un air irrité, mais sans bouger de place, comme s'il attendait quelque chose, et de nouveau il le regarda en dessous.

— C'est bien, je m'en vais. Seulement je ne vous connais pas et je ne viens pas pour vous irriter. Ils m'ont bien dit le moyen de le faire, mais je ne veux pas m'en servir. Adieu.

— Moine en culottes ! s'écria le gamin sans quitter Alexey de ses yeux méchants et provocants. Et il prit position, en prévision de ce qu'Alexey allait se jeter sur lui. Mais celui-ci se retourna, regarda encore le gamin et s'en alla.

A peine avait-il fait trois pas qu'il sentit une pierre l'atteindre fortement dans le dos.

— Alors c'est par derrière que vous attaquez. Ils m'ont donc dit la vérité en m'affirmant que vous frappiez par derrière, dit Alexey en se retournant.

Mais cette fois le gamin, furieux, lui envoya une seconde pierre droit au visage.

Alexey eut heureusement le temps de parer avec son bras et la pierre l'atteignit au coude.

— Vous n'avez donc pas honte? Mais qu'est-ce que je vous ai fait? s'écria-t-il.

Le gamin, toujours silencieux et provocant, s'attendait à ce qu'Alexey se fut jeté sur lui. Mais voyant qu'alors même il ne le faisait point, il fut pris d'une rage de bête fauve, bondit de sa place et se jeta sur Alexey si rapidement que ce dernier n'avait pas eu le temps de faire un mouvement avant que le gamin, baissant la tête et lui saisissant de ses deux mains la main gauche, lui eût pris le médium entre les dents. Il ne lâcha pas prise pendant près de dix secondes. Alexey poussa un cri de douleur en s'efforçant de dégager son doigt. Enfin le gamin le lâcha et revint se camper devant lui.

Le doigt d'Alexey était entamé profondément et jusqu'à l'os. Le sang avait jailli.

Le jeune homme prit son mouchoir et y enveloppa son doigt blessé, en le serrant fortement. Cette opération dura presque une minute pendant laquelle le gamin resta à la même place, attendant.

Enfin, Alexey jeta sur lui son doux regard.

— Allons, c'est bien, lui dit-il, vous voyez quel mal vous m'avez fait. Cela vous suffit, n'est-ce pas ? Dites-moi maintenant pourquoi vous m'en vouliez ?

Le gamin le regarda tout surpris.

— Bien que je ne vous connaisse pas

du tout et que je vous voie pour la première fois, continua Alexey de sa voix tranquille, je ne puis croire que je ne vous aie rien fait, car vous ne vous seriez pas vengé de moi si cruellement. Dites-moi donc ce que j'ai fait et quelle est ma faute à votre égard ?

Au lieu de répondre, le gamin se mit à pleurer à haute voix et se sauva.

Alexey le suivit à pas lents dans la même direction, et longtemps encore, il vit le gamin courir au loin, sans se ralentir ni détourner la tête, et toujours en pleurant.

Il décida donc de le retrouver quand il en aurait le temps et de résoudre une énigme qui l'avait vivement frappé.

VIII

Ce fut le hasard qui apporta à Alexey la solution de l'énigme.

Il se trouvait un jour dans le salon de Katérina Ivanovna, la fiancée de son frère aîné Dimitri.

— J'ai un grand service à vous de- demander, Alexey Fédorovitch, lui dit tout à coup celle-ci en lui tendant deux billets de cent roubles.

Katérina Ivanovna s'efforçait, en lui parlant, de donner à sa voix un ton calme et naturel.

— Il y a quelques jours, Dimitri Fédorovith a commis une action injuste et même coupable. Il y a ici un lieu mal fréquenté, un tractir, où il a rencontré ce même capitaine en retraite que votre père employait pour certaines affaires d'argent. On ne sait pourquoi Dimitri Fédorovith eut une discussion avec ce capitaine, et devant tout le monde, il le prit par la barbe, le conduisit jusqu'à la rue dans cette position humiliante, et longtemps encore il le traîna ainsi. On m'a raconté que le fils de ce capitaine, qui est élève à l'école de la ville, un tout jeune enfant, assistait à ce spectacle, courait près de son père et pleurait à chaudes larmes, en suppliant tout le monde de le défendre. Personne n'écouta l'enfant et l'on se moqua de lui.

Pardonnez-moi, Alexey Fédorovitch, mais je ne puis me souvenir sans une émotion pénible de cette action indigne, une action que Dimitri Fédorovitch a seulement pu commettre dans la colère et dans la passion. Je n'ai même pas la force de vous raconter tout cela, et je m'y embrouille. J'ai pris des renseignements sur cet homme humilié et j'ai appris qu'il est très pauvre. Il s'appele Sneguirev. Il a commis je ne sais quelle faute étant au service, pour laquelle on l'a mis à la retraite. Il a une femme folle, deux enfants malades, et il est tombé avec eux dans la plus profonde indigence. Depuis longtemps il habite notre ville; il a fait jadis des écritures, mais il n'a plus maintenant aucun travail. Alors j'ai pensé à vous. Je ne sais pas si je m'explique bien... Je voulais vous prier, Alexey Fédorovitch, mon bon Alexey Fédorovitch, d'aller le trouver, d'entrer chez ce capitaine sous un prétexte quelconque, et délicatement, avec prudence, comme vous seul savez le faire (Alexey rougit), de lui faire accepter ce secours de deux cents roubles. Il acceptera certainement, c'est-à-dire qu'il faudra le persuader... Ou bien non, comment dire cela ! Ce n'est pas, voyez-vous, un prix pour acheter la paix et l'empêcher de porter plainte, comme il voulait le faire, mais simplement à titre sympathique, pour lui venir en aide. C'est moi, la fiancée de Dimitri Fédorovitch, et non lui, qui le fait... En un mot, vous ferez vous-même ce qu'il faudra. J'y serais bien allée moi-même, mais vous saurez mieux que moi. Il habite dans la rue Oziornaia, dans la maison de Mme Kalmykov. Faites cela pour moi, Alexey Fédorovitch... Maintenant, je suis un peu fatiguée. Au revoir.

IX

Il y avait dans la commission de Katérina Ivanovna une circonstance qui avait extrêmement frappé Alexey : quand elle lui parlait du gamin, de l'écolier, fils du capitaine, qui pleurait et criait en courant auprès de son père, la pensée lui était venue que ce gamin devait être certainement celui-là même qui lui avait mordu le doigt quand il lui avait demandé en quoi il pouvait l'avoir offensé.

Maintenant, pendant qu'il se dirigeait vers la maison du capitaine, il en était presque certain, et sans savoir pourquoi.

Il n'eut pas beaucoup de peine à trouver dans la rue Oziornaia la maison de la dame Kalmykov.

C'était une vieille maisonnette qui penchait un peu de côté, avec un seul étage et trois fenêtres seulement sur la rue. La cour de la maison était sale, et il y avait dans cette cour une vache qu'on laissait là toute seule. De la cour on passait dans un vestibule; à gauche s'ouvrait la porte du logis de la vieille propriétaire, qui y habitait avec sa fille, déjà vieille aussi. Je crois que toutes deux étaient sourdes.

Quand Alexey eut demandé la demeure du capitaine et eut répété plusieurs fois sa question, l'une d'elles comprit enfin qu'on demandait son locataire et désigna la porte en face, qui conduisait dans une izba, car ce n'était qu'une simple izba que l'appartement du capitaine.

Alexey prenait le loquet pour ouvrir quand il fut frappé par le silence extraordinaire qui régnait de l'autre côté. Il savait, d'après le récit de Katérina Ivanovna, que le capitaine avait une famille. « Ou bien ils dorment tous, ou bien, m'entendant venir, ils attendent que j'entre. Il vaut mieux frapper d'abord. »

Il frappa. Quelques secondes de silence s'écoulèrent; enfin une voix forte, avec une mauvaise humeur feinte, cria de l'intérieur : « Qui est là ? »

Alexey ouvrit alors la porte et franchit le seuil. Il fut frappé tout d'abord par l'aspect misérable de cet intérieur.

Il y avait sur la table un poêlon avec des restes d'œufs sur le plat; à côté un morceau de pain où l'on avait mordu, puis un litre contenant un reste bien mince d'eau-de-vie.

Auprès du lit de gauche, sur une chaise, était une femme qui avait l'air d'une dame dans sa robe d'indienne. Son visage était jaune et maigre, ses joues étaient creusées profondément et trahissaient à première vue la maladie. Les regards de cette dame surprirent surtout Alexey. Ces regards étaient à la fois interrogateurs et hautains.

Pendant que le visiteur s'expliquait avec le maître de la maison, elle ne les quittait pas de ses grands yeux foncés, regardant alternativement l'un et l'autre.

Près de cette dame, dans l'angle de la fenêtre gauche, se trouvait une jeune fille au visage plutôt laid qu'agréable, aux cheveux roux et clairsemés, pauvrement vêtue et pourtant propre. Elle considérait Alexey avec méfiance.

Il y avait encore auprès du lit une autre créature, et bien pitoyable : une jeune fille d'une vingtaine d'années, sans pieds; ses béquilles étaient posées près d'elle, entre le lit et le mur. Les yeux extrêmement beaux et bons de la jeune fille contemplaient Alexey avec une douceur tranquille.

Devant la table, celui qui mangeait sans doute le reste d'œufs sur le plat, était un homme de petite taille, de quarante-cinq ans environ, maigriot et de faible constitution. Ses cheveux et sa barbiche étaient roux et rares et avaient beaucoup de ressemblance avec une motchalka défaite.

Cette comparaison et le mot de motchalka frappèrent tout de suite l'esprit d'Alexey. Sans doute, c'était cet homme qui avait crié « qui est là ? » derrière la porte, car il n'y avait pas d'autre homme dans la chambre.

En voyant entrer Alexey il se leva vivement du banc où il était assis, et, s'essuyant avec une serviette trouée, il se précipita à la rencontre de son hôte.

— C'est un moine qui vient demander l'aumône pour son couvent. Allons! il'a bien choisi son endroit, dit à haute voix la jeune fille du coin de gauche.

Mais l'homme se retourna à ces mots vers la jeune fille et lui répondit d'une voix où perçait l'émotion :

— Non, Varvara Nikolaïevna, ce n'est pas cela, vous n'y êtes pas.

— Permettez-moi donc à mon tour de vous demander qui vous amène en ces parages? dit-il en se tournant vers Alexey.

Alexey examina attentivement son interlocuteur, qu'il voyait pour la première fois. Il y avait en cet homme quelque chose de gauche, d'affairé, d'irrité. On voyait qu'il venait de boire, mais il n'était pas ivre. Son visage exprimait une sorte d'effronterie extrême, et aussi, chose étrange, une visible lâcheté.

Il avait l'air d'un homme qui a été

longtemps obligé de se soumettre, qui a beaucoup souffert, mais qui s'est libéré enfin et qui veut se montrer; il ressemblait encore à un homme qui voudrait bien vous frapper, mais qui comprend que c'est lui qui sera frappé par vous. Dans ses paroles, dans l'intonation de sa voix aigrelette, on trouvait une sorte d'humour et de bouffonnerie, tantôt caustique et tantôt craintive, mais qui ne gardait jamais de mesure et se dissimulait toujours. Sa question sur « les parages » avait été posée comme par un homme en proie à la fièvre. Ses yeux étaient grands ouverts, et il s'approcha si près d'Alexey que celui-ci recula instinctivement.

Il portait un veston de nankin de couleur sombre, très usé, très rapiécé et couvert de taches. Son pantalon était fait d'une sorte d'étoffe très mince de couleur trop claire et en dehors de toute mode, chiffonné par le bas et tellement ratatiné qu'il avait l'air d'un gamin grandi trop vite.

— Je suis... Alexey Chestomazov...

— Je le comprends très bien, répondit l'autre d'un ton sec et tranchant, en montrant qu'il connaissait déjà le nouveau venu.

— Je suis, moi, le capitaine Sneguirev. Je voudrais néanmoins bien connaître quel mobile...

— Mais je suis venu comme cela... A vrai dire j'aurais désiré vous dire un mot... si vous le permettez.

— En ce cas, voilà la chaise, daignez prendre place, car on disait dans les anciennes comédies : « Daignez prendre place. »

Et le capitaine saisit rapidement une chaise, une simple chaise de bois, et la plaça au milieu de la chambre; puis prit pour lui une autre chaise, s'assit en face d'Alexey, tout près, si près même que leurs genoux se touchaient presque.

— Nikolaï Iliitch Sneguirev's, (1) ancien capitaine's dans l'infanterie russe, ayant eu beaucoup de malheurs, mais capitaine tout de même. Je devrais plutôt dire capitaine des S et non pas Sneguirev, car ce n'est que dans la seconde partie de ma vie que j'ai commencé à pratiquer les S en parlant. On acquiert cela dans l'humiliation.

— C'est vrai, dit Alexey avec un sourire ; seulement est-ce volontairement ou involontairement qu'on l'acquiert ?

— Dieu m'est témoin que c'est involontairement. Presque toute ma vie j'ai parlé sans ces S, puis je suis tombé et

(1) L'habitude d'ajouter dans la prononciation un S aux mots est particulière en Russie aux domestiques et aux petits bourgeois et constitue même un genre apprécié des classes inférieures.

me suis relevé avec les S. C'est une force supérieure qui nous change. En somme, je vois que vous vous intéressez beaucoup aux questions modernes. Pourtant, comment donc ai-je pu vous inspirer tant de curiosité, car je vis dans un milieu où il est impossible de recevoir des visites?

— Je suis venu... précisément au sujet de cette affaire...

— Précisément pour cette affaire? interrompit le capitaine avec impatience.

— Oui, à propos de votre rencontre avec mon frère Dimitri Fédorovitch.

— Mais quelle rencontre? Ne serait-ce pas celle-là où il fut question de motchalka, d'une motchalka de bains? dit-il tout à coup en se rapprochant encore d'Alexey, et cette fois au point de lui heurter les genoux. Ses lèvres se serrèrent au point que sa bouche ne faisait plus qu'un trait.

— De quelle motchalka parlez-vous ? murmura Alexey.

— C'est pour se plaindre de moi qu'il est venu, papa! s'écria la petite voix du gamin qu'Alexey avait rencontré.

Cette voix partait de derrière le rideau qui coupait le coin de la chambre.

— C'est moi qui lui ai mordu le doigt.

Le rideau se tira et Alexey aperçut son jeune ennemi, dans le coin, sous les icônes, sur sa couchette arrangée sur le banc et la chaise.

Le gamin avait sur son lit son petit paletot et une vieille couverture ouatée. Il paraissait malade, et ses yeux en feu trahissaient la fièvre. Il regardait Alexey sans crainte cette fois, comme s'il semblait dire : maintenant je suis à la maison et n'ai pas peur que tu me touches.

— De quel doigt mordu s'agit-il ? s'écria le capitaine en quittant sa chaise. C'est à vous qu'il a mordu le doigt?

— Oui, c'est à moi. Il se battait à coups de pierres avec des gamins. Il était seul contre six. Je me suis approché. Il m'a alors jeté aussi une pierre, puis une seconde à la tête. Je lui ai demandé alors ce que je lui avais fait; mais pour toute réponse il s'est jeté sur moi et, sans que je sache pourquoi, m'a mordu le doigt très douloureusement.

— Je veux le fouetter de suite. Oui, tout de suite!

— Mais je ne suis pas venu me plaindre et n'ai fait que vous raconter comment cela s'est passé. Il me semble d'ailleurs qu'il est malade en ce moment.

— Et vous avez vraiment pensé que j'allais le fouetter? Que j'allais tout de suite prendre Ilioucha et le fouetter là, devant vous, pour votre entière satisfaction? Est-ce qu'il vous faut ça tout de suite?

Et le capitaine se retourna vers Alexey avec un geste, comme s'il voulait se jeter sur lui.

— Je regrette beaucoup, monsieur, pour votre cher petit doigt; mais avant que je fouette Ilioucha, ne voulez-vous pas que je coupe immédiatement devant vous mes quatre doigts pour votre pleine satisfaction ! J'espère que quatre doigts suffiront à satisfaire votre soif de vengeance et que vous ne demanderez pas le cinquième ?...

Il s'arrêta tout à coup comme suffoqué. Chaque trait de son visage changeait et se convulsait, et son regard était devenu tout à fait provocant. Il paraissait en proie à un accès de rage.

— Je crois maintenant avoir compris, fit doucement Alexey sans quitter sa chaise. Votre fils est un bon fils, qui aime son père, et il s'est jeté sur moi comme sur le frère de votre offenseur.

7.

Je comprends tout à présent, répétait-il d'un air songeur. Mais mon frère, Dimitri Fédorovitch, s'est repenti de son action, j'en suis sûr, et s'il pouvait seulement vous revoir chez vous, ou plutôt à l'endroit même de l'offense, il vous demanderait pardon devant tout le monde si vous le désirez.

— C'est-à-dire vous dites qu'il m'a arraché la barbe et que maintenant il n'a qu'à s'excuser pour que tout soit fini et moi satisfait.

— Non, bien au contraire, il fera tout ce que vous voudrez, et comme vous le voudrez.

— De sorte que si je demandais à Son Excellence de se mettre à genoux devant moi, dans ce même tractir qui a nom « la Capitale », au milieu de la place, il s'exécuterait ?

— Oui, il se mettrait à vos genoux.

— Vous me comblez ! vous me comblez et me touchez jusqu'aux larmes ! Je ressens profondément toute la générosité de monsieur votre frère. Permettez-moi donc de me présenter tout à fait à vous, avec ma femme, ma fille et mon fils, mes rejetons... Si je meurs, qui les aimera ? Pendant que je vis encore, qui donc, sinon eux, m'aimera, moi, être misérable ? C'est une grande consolation que le Seigneur a donnée à des hommes comme moi, car il faut aussi que les hommes de mon espèce soient aimés.

— Ah ! oui ! c'est bien vrai ! s'écria Alexey.

— Mais cessez donc enfin de faire le paillasse. S'il vient devant vous un imbécile, vous vous mettez aussitôt en quatre devant lui ! dit à son père avec indignation et d'un geste de mépris et de dégoût la jeune fille qui était près de la fenêtre.

— Patientez un peu, Varvara Nikolaievna, laissez-moi suivre la filière, lui dit le père d'un ton impératif, mais tout en l'approuvant du regard.

— Nous avons un caractère comme cela, nous, fit-il en s'adressant à Alexey:

Et dans toute la nature
Il ne voulait bénir.

C'est-à-dire qu'il le faudrait dire au féminin : elle ne voudrait pas bénir...

Permettez-moi donc de vous présenter maintenant à ma femme : Arina Petrovna, une dame sans pieds, de quarante-trois-ans. Ses pieds marchent, mais pas trop. Elle est d'une classe inférieure.

Arina Pétrovna, déridez-vous, c'est Alexey Fédorovitch Chestomazov.

Levez-vous Alexey Fédorovitch.

Il lui prit le bras avec une force à laquelle celui était loin de s'attendre et le contraignit à se lever.

— C'est à une dame que vous vous présentez, il faut vous lever.

Ce n'est pas, maman, ce Chestomazov, lequel... hum... etc., mais son frère qui brille des plus douces qualités. Permettez-moi, Arina Pétrovna, permettez-moi maman, et tout d'abord, de baiser votre main.

Et, respectueusement, tendrement même, il baisa la main de sa femme.

La jeune fille qui était près de la fenêtre se détourna indignée de cette scène, tandis que le visage hautain et interrogateur de la femme s'attendrit tout à coup.

— Bonjour, asseyez-vous, monsieur Tchernomazov, dit-elle.

— Chestomazov, maman, Chestomazov; nous sommes des simples, dit-il tout bas à Alexey.

— Eh bien, Chestomazov ou autrement, qu'est-ce que cela me fait. Pour moi, c'est Tchernomazov. Asseyez-vous donc; pourquoi vous fait-il lever ?

Une dame sans pieds, il vous a dit. Mais non, j'ai bien mes pieds, mais devenus bouffis comme des casseroles, tandis que moi-même je desséchais. Ah! j'étais bien grasse jadis. Et maintenant c'est comme si j'avais avalé une aiguille...

— Nous sommes des simples! nous sommes des simples! souffla le capitaine.

— Papa, ah papa! dit tout à coup la jeune fille bossue, restée jusque-là silencieuse, et elle couvrit ses yeux de son mouchoir.

— Bouffon! fit grossièrement la jeune fille assise auprès de la fenêtre.

— Voyez-vous ce qui se passe chez nous, dit la maman en étendant les mains et en désignant ses filles. Ce sont comme des nuages qui passent. Les nuages s'en vont et de nouveau c'est notre musique. Avant, quand nous étions militaires, il venait chez nous beaucoup de monde. Je ne vous dis pas cela, petit père, à propos de cette affaire. Qui aime quelqu'un, qu'il l'aime ! La femme du diacre est alors venue chez nous et dit : « Alexandre Alexandrovitch est une bonne âme, mais Anastasia Pétrovna, qu'elle dit, est un rejeton de l'enfer. » — Eh bien ! lui répondis-je, c'est suivant la façon qu'on estime quelqu'un. Quant à toi, tu es petite, mais tu sens bien mauvais. « Et toi, me répond-elle, tu dois rester dans l'obéissance. » — Ah ! toi, vaurienne, à qui es-tu venue donner des leçons ? « Moi, *qu'elle* dit, j'aspire de l'air pur et toi de l'air empesté. » — Demande donc alors, que je lui réponds, à tous les officiers si c'est moi ou une autre qui a de l'air impur ? Et depuis ce temps-là, cela me pèse sur le cœur tellement que, la veille, j'étais assise ici, comme maintenant, et je vois entrer le même général qui est venu ici pendant la semaine de Pâques.

— Eh quoi donc, Votre Excellence, lui dis-je, est-ce qu'une noble dame ne peut aspirer librement son air ?

« Oui, me répondit-il ; seulement il faut que vous ouvriez la porte et la fenêtre, car sans cela l'air n'est pas bon ici. »

Et voilà ! Ils sont tous comme cela. Et qu'est-ce que cela leur fait, mon air ? Les morts sentent plus mauvais que cela. Moi, dis-je, je ne gâte pas votre air. Eh bien, je veux me faire faire des bottines et je m'en irai. Mes petits pères, mes chers petits pigeons, ne faites pas de reproches à votre propre mère ! Nikolaï ! mon petit père ! n'est-ce pas moi qui l'ai comblé de bonheur ? Et pourtant il n'y a pour m'aimer que le petit Ilioucha quand il vient de sa classe. Hier, il m'a apporté une pomme. Pardonnez-moi, mes petits pères, mes chers petits pigeons, pardonnez à votre propre mère. Pardonnez-moi, toute abandonnée que je suis. Et pourquoi mon air vous dégoûte-t-il tant ?...

Et la pauvre folle se mit soudain à pleurer.

Le capitaine se précipita auprès d'elle.

— Maman, ma petite maman, ma chère colombe, assez ! Tu n'es pas abandonnée, tout le monde t'aime, tout le monde t'adore.

Et il recommença à lui baiser les mains et à lui caresser le visage. Puis il prit la serviette et il essuya prestement les larmes de la folle. Alexey crut même voir qu'il pleurait aussi.

— Eh bien ! avez-vous vu ? avez-vous entendu ? lui disait-il en lui montrant de la main la pauvre insensée.

— Je vois, j'entends, murmura Alexey.

— Papa! papa! Voyons, avec lui... laisse-le donc, papa!... s'écria tout à coup le gamin en se soulevant sur son lit et en regardant son père avec des yeux enflammés.

— Mais cessez donc à la fin de faire ainsi le bouffon et de faire montre de vos manières stupides qui jamais n'aboutissent à rien!... s'écria Varvara Nicolaievna, mise cette fois hors d'elle, et elle frappa le parquet du pied.

— C'est bien que vous vous soyez fâchée, Varvara Nikolaievna, et je vais tout de suite vous satisfaire. Eh bien, mettez votre petit chapeau, Alexey Fédorovitch; je prendrai, moi, ma casquette et nous sortirons. J'ai un petit mot à vous dire très sérieux, seulement pas ici... Cette demoiselle assise là est ma fille, Nina Nikolaievna. J'ai oublié de vous la présenter. C'est un ange de Dieu et en chair qui est venu chez nous, pauvres mortels… Pouvez-vous seulement comprendre cela ?

— Voyez-vous comme il tremble ; on dirait qu'il est pris d'épilepsie, murmura indignée Varvara Nicolaievna.

— Et celle-ci, qui frappe du pied et qui tout à l'heure me traitait de paillasse, c'est aussi un ange de Dieu en chair. Et elle avait raison de me traiter ainsi… Mais allons, maintenant, Alexey Fédorovitch, il faut en finir.

Et prenant Alexey par la main, il le conduisit jusque dans la rue.

X

— Quel bon air ! Chez nous, à vrai dire, il ne fait pas trop bon... et même sous tous les rapports. Allons doucement, monsieur, je vous prie. J'aurais bien voulu vous distraire.

— J'ai aussi une très importante affaire à vous communiquer, fit Alexey, seulement je ne sais pas par où commencer.

— Comment ne comprendrais-je pas que votre visite n'est pas sans but. Vous ne seriez certes jamais venu me voir si vous n'aviez eu affaire avec moi. Ou bien vraiment seriez-vous venu pour vous plaindre de mon fils? Mais je comprends assez que ce n'est pas cela. A propos, parlons donc un peu de mon gamin ; là, je ne pouvais pas vous expliquer tout, mais je veux vous raconter en détail comment la scène s'est passée. La Motchalka était, voyez-vous, beaucoup plus épaisse jadis, je veux dire il y a huit jours. C'est de ma barbiche que je parle, car c'est à ma barbiche que les écoliers ont donné ce nom de Motchalka.

Eh bien, voilà donc que votre frère Dimitri Fédorovitch me tire par la barbiche, et pour un rien. C'est une fantaisie qu'il a eue à un moment qu'il était monté : je suis tombé sous sa main, et il m'a ainsi traîné du tractir jusque sur la place. Justement les écoliers sortaient alors de leur classe, et Ilioucha était parmi eux. Quand il m'aperçut en cet état, il se précipita vers moi. Papa! me crie-t-il. Il se cramponne à moi, il m'embrasse, il veut m'arracher, et crie à mon offenseur : « Laissez-le! laissez-le! c'est mon papa! Pardonnez-lui, pardonnez-le, disait-il encore. » Dimitri Fédorovitch lui prend ses petites mains et la sienne; l'enfant la baise.

Je me souviens toujours de cette petite figure qu'il avait en ce moment-là. Je ne l'ai jamais oubliée, je ne l'oublierai jamais!...

— Je vous jure, s'écria Alexey, que mon frère vous exprimera son repentir de la façon la plus sincère et la plus complète. Quand bien même il devrait se mettre à genoux à cette même place. Je l'y contraindrai, autrement il ne sera plus mon frère!

— Ah! ah! Alors tout cela n'est qu'en projet. Ce n'est donc pas de sa part que vous venez, mais uniquement poussé par la noblesse de vos sentiments. Il fallait alors me le dire. Eh bien, dans ce cas, permettez-moi de vous raconter comment il a exprimé, lui, ses sentiments de haute noblesse et de chevalerie.

Quand il eut fini de me traîner par ma Motchalka et qu'il me laissa libre : « Toi, me dit-il, tu es un officier, et moi aussi. Si tu peux trouver pour témoin un honnête homme, envoie-le-moi, je te donnerai satisfaction, bien que tu sois une canaille ! » Voilà ce qu'il m'a dit. Quel esprit vraiment noble et chevaleresque ! Nous nous sommes alors retirés avec Ilioucha, tandis que ce tableau filial et généalogique se gravait pour toujours dans l'âme de l'enfant. Non, ce n'est pas à nous d'avoir ces sentiments des nobles. Et puis, jugez-en vous-même. Vous avez daigné tout à l'heure entrer dans mon château, et qu'y avez-vous vu ? Trois dames : l'une sans pieds et folle, l'autre sans pieds et bossue, la troisième avec ses pieds, mais déjà trop intelligente, une étudiante qui cherche à aller à Pétersbourg pour revendiquer sur les bords de la Néva les droits de la femme russe. Je ne parle pas d'Ilioucha. Il n'a que neuf ans. Je suis donc tout seul sur la terre. Et si je venais à mourir que deviendraient-ils tous ? Je vous le demande un peu ? Et puisqu'il en est ainsi, si moi je le provoque en duel et qu'il me tue, alors qu'arrivera-t-il ? Que deviendront-ils tous ? Et ce sera pis encore s'il ne me tue pas et ne fait que m'estropier. Il me sera impossible de travailler, et la bouche restera quand même. Qui donc alors fournira à ma bouche et qui leur donnera à manger à eux ? Peut-être qu'au lieu d'envoyer Ilioucha à l'école, je l'enverrai mendier. Voilà donc pour moi le résultat si je le provoque en duel. Ce sont des billevesées, des bêtises, que tout cela, et rien de plus.

— Il vous demandera pardon, il le fera au milieu de la place et vous saluera jusqu'à terre, répéta Alexey, les yeux pleins de flamme.

— Je voulais porter plainte, continua le capitaine. Mais ouvrez donc notre code. Pourrais-je obtenir grande satisfaction pour l'insulte de mon offenseur. Et voilà encore que sa maîtresse Agrafena m'appelle et me dit : « N'ose même y penser. Si tu l'appelles en jugement, je tournerai les choses moi de telle façon qu'on saura désormais qu'il ne t'a battu que parce que tu es un voleur, et c'est toi alors qui aura à répondre devant les juges. »

Dieu seul sait de quel vol il s'agit et d'après les ordres de qui, comme un pauvre père que je suis, j'ai agi. N'est-ce pas sur ses ordres à elle et sur ceux de votre père Fédor Pavlovitch que je l'ai fait?

— De plus, m'a-t-elle dit encore, je te chasserai pour toujours et tu ne gagneras plus rien chez moi. Je le dirai à mon marchand (c'est ainsi qu'elle appelle le vieux qui l'entretient), et il te chassera lui aussi. » Et j'ai pensé alors que si le marchand aussi me chassait, je ne saurais plus où travailler. Je n'ai plus qu'eux deux, car votre père, Fédor Pavlovitch, non seulement a cessé d'avoir confiance en moi pour une raison qui n'a rien à faire ici, mais encore, tout en ayant ma signature, il a voulu me traîner devant le juge. Et voilà comment il m'a fallu me taire...

Mais permettez-moi maintenant de vous demander : Vous a-t-il bien douloureusement mordu votre petit doigt, mon Ilioucha? Je n'ai pas voulu entrer dans ce détail étant dans mon château.

— Oui, fort douloureusement, et il était très irrité. Il s'est vengé sur moi comme sur un Chestomazov, je le comprends maintenant. Mais si vous aviez vu comme ils se jetaient des pierres, lui et ses camarades. C'est très dangereux. Ils pourraient s'entre-tuer. Ce sont des enfants inconsidérés, mais la pierre vole et peut casser la tête.

— Et il en a déjà reçu des pierres. Pas à la tête, mais à la poitrine. Il en a reçu une aujourd'hui un peu au-dessus de l'endroit du cœur. Il y a sur cette place un bleu. Il est rentré en pleurs, gémissant, et voilà qu'il est tombé malade.

— Mais savez-vous que c'est lui qui tombe le premier sur les autres. Il est très irascible. Les gamins m'ont raconté qu'il avait déjà donné un bon coup de canif dans la jambe à l'un d'eux, à Krasotkine.

— Oui, je sais cela, c'est dangereux. Krasotkine est le fils d'un fonctionnaire, il peut encore en résulter une affaire...

— Je vous conseillerai, continua Alexey avec chaleur, de ne pas l'envoyer pendant quelque temps à l'école. Sa colère s'apaisera peu à peu...

— Colère ! répéta avec feu le capitaine, oui, c'est bien de la colère. Une grande colère dans un petit être. Vous ne vous doutez pas de cela, vous. Permettez-moi de vous le raconter en détail. Depuis cet événement, voyez-vous, tous les écoliers de sa classe ont commencé à le taquiner avec ce sobriquet de Motchalka. Les enfants à l'école sont des êtres cruels. Pris chacun en particulier, ce sont des anges, mais ensemble, et à l'école surtout, ils sont souvent bien cruels. Alors, quand ils se furent mis ainsi à l'irriter, le sentiment de l'honneur se révolta en Ilioucha. Un gamin ordinaire, un fils faible se serait abaissé, aurait eu honte pour son père; celui-là s'est levé seul contre tous pour prendre sa défense. Pour son père! pour la vérité! pour la justice! Car ce qu'il a enduré en baisant les mains de votre frère et en lui criant : « Pardonnez à papa! pardonnez à papa! » Dieu seul et moi le savent. Et c'est ainsi que nos enfants — pas les vôtres, les nôtres — les enfants des humiliés, mais de noble sentiment, apprennent la vérité sur la terre, même à l'âge de neuf ans! Les riches ne connaissent pas cela. Ceux-là, leur vie entière, n'iront pas à cette profondeur. Mais lui, mon Ilioucha, quand sur cette place il a baisé ces mains, il a compris toute la vérité. Et cette vérité, quand il l'eût comprise, il l'a gravée en lui pour toute l'éternité.

8.

Et en disant ces mots, le capitaine, dans une sorte d'extase, frappait sa main gauche de son poing droit comme pour mieux montrer comment la vérité avait frappé Ilioucha.

— Le même jour, il fut en proie à la fièvre, et il ne m'adressa pas la parole. Je le voyais seulement m'observer et me regarder dans son coin, puis se pencher vers la fenêtre et faire semblant d'étudier sa leçon. Mais je voyais bien, moi, que ce n'était pas sa leçon qu'il avait dans la tête. La nuit, il délira.

Le lendemain j'ai bu un bon coup, et je ne me souviens pas trop de cette journée ; oui, j'ai bu, malheureux pécheur que je suis, par chagrin. La maman se mit à pleurer, — et j'aime bien la maman. — Alors je me suis enivré avec le dernier argent que j'avais. Vous, monsieur, ne me méprisez pas trop. En Russie, les gens ivres sont les meilleurs. Les meilleurs d'entre les gens sont aussi chez nous les plus ivrognes.

J'étais alors couché, et je ne me souviens pas bien de ce que faisait en ce moment Ilioucha. Ce fut pourtant ce jour-là que dès le matin les gamins se moquèrent de lui à l'école : « Motchalka, lui criaient-ils ! On a traîné ton père hors du tractir par sa Motchalka, et toi tu courais auprès en demandant pardon. » Le troisième jour, quand il rentra de l'école, je l'observai ; il était tout changé, tout pâle. Qu'as-tu, lui dis-je ? Il ne me répond pas. Mais dans mes appartements on ne peut pas trop parler, sans quoi la maman et les demoiselles peuvent s'occuper de la conversation. Mes demoiselles, d'ailleurs, avaient déjà tout appris dès le premier jour. Varvara Nikolaievna grognait déjà : « Le bouffon ! le paillasse ! Est-ce qu'il peut y avoir quelque chose de sensé! » — C'est vrai, Varvara Nikolaievna, lui répondis-je. Est-ce qu'il peut y avoir chez nous quelque chose de sensé? Et là-dessus je mis fin à la discussion.

Vers le soir, je pris mon gamin pour me promener avec lui.

Il faut vous dire que chaque soir, avant cet événement, nous allions nous promener en suivant ce chemin même où nous passons en ce moment, depuis notre porte jusqu'à cette grande pierre qui se dresse là-bas toute seule, comme un orphelin, près de la haie et où commencent les champs. C'est un endroit désert très bien approprié. Nous marchions donc ainsi avec Ilioucha, moi tenant sa main dans la mienne, selon notre habitude. Il a une main toute petite, ses doigts sont minces et froids. Vous savez qu'il souffre de la poitrine.

— Papa, me dit-il, papa.

— Quoi? lui demandai-je. Je voyais ses yeux s'allumer.

— Comme il t'a... papa... Comme il t'a...

— Que faire, Ilioucha ?

— Ne te réconcilie pas avec lui, papa, ne te réconcilie pas. Les écoliers disent qu'il t'a donné dix roubles pour cela.

— Non, Ilioucha, lui dis-je. Je ne recevrai d'argent de lui pour rien au monde.

Alors il trembla de tout son corps, saisit ma main dans ses deux petites mains et se mit à les baiser.

— Papa, me dit-il, papa, provoque-le en duel. A l'école, on se moque de moi, on dit que tu es lâche, que tu ne le provoqueras pas en duel, mais prendras ses dix roubles

— Le provoquer en duel, Ilioucha, cela m'est impossible, lui répondis-je. Et je lui donnai les mêmes raisons que je viens de vous exposer à vous.

Quand il m'eût bien écouté :

— Papa, me dit-il, papa, ne fais pas la paix quand même. Quand je grandirai, moi, je le provoquerai et je le tuerai. Et ses petits yeux s'embrasaient en me parlant.

Comme malgré tout je suis un père, il a fallu que je lui dise une parole vraie.

— C'est un péché de tuer, lui dis-je, même en duel.

— Papa, dit-il, papa, je le jetterai à terre. Quand je serai grand, je ferai tomber son sabre, je me jetterai sur lui, et, mon sabre levé, je lui dirai : « J'aurais pu te tuer là de suite; eh bien, je te pardonne, attrape !... »

Vous voyez, vous voyez bien, monsieur, quelles idées travaillaient en sa tête pendant ces deux jours. Le jour et la nuit il pensait à cette vengeance, et même il en délirait en dormant.

Seulement chaque jour il rentrait fort

battu de l'école. Je ne l'ai appris qu'avant-hier, et vous avez raison, je ne l'enverrai plus à l'école.

Quand j'appris qu'il s'était levé seul contre toute la classe et que lui-même l'avait provoquée, que son cœur était à ce point brûlant et exaspéré, j'ai pris peur pour lui.

Nous partîmes encore nous promener ce soir-là.

— Papa, me demanda-t-il, papa, n'est-ce pas que les riches sont les plus forts sur la terre ?

— Oui, Ilioucha, il n'y a pas de plus fort sur la terre que le riche.

— Papa, me dit-il encore, je deviendrai riche, je me ferai officier, je vaincrai tout le monde ; le tsar me récompensera ; je reviendrai ici, et alors personne n'osera...

Puis, après un silence, et avec un même tremblement de lèvres :

— Papa, quelle mauvaise ville que la nôtre !

— Oui, Ilioucha, cette ville est très mauvaise.

— Papa, allons-nous-en dans une autre ville, dans une bonne ville où on ne nous connaît pas.

— Nous irons, nous irons, Ilioucha ; il faut seulement que j'amasse de l'argent.

J'étais bien aise, en cette occasion, de le distraire un peu de ses sombres pensées. Et nous nous mîmes à faire des projets : comment nous acheterions un cheval et une petite voiture et nous nous en irions dans une autre ville ; comment nous asseoirions dans la voiture la maman et les sœurs ; comment nous les recouvririons bien, tandis que nous nous marcherions à côté. Parfois il monterait aussi ; mais, moi, je continuerais à marcher, car il faudrait ménager notre petit cheval.

La pensée qu'il aurait un cheval et le monterait lui-même le réjouit beaucoup. Un gamin russe, l'on sait, naît à cheval. Nous bavardions donc ainsi longuement et je louais Dieu de l'avoir distrait et consolé.

Cela se passait avant-hier au soir. Hier, c'était déjà tout autre chose. Il était retourné le matin à son école et en était revenu morne, tout morne. Le soir, je le pris par la main et l'emmenai promener avec moi. Il gardait le silence et ne me disait pas un mot. Le vent commençait à souffler. Le soleil s'était couvert de nuages. La fraîcheur de l'automne se faisait déjà sentir. La nuit tombait. Nous marchions ainsi tous les deux tristement.

— Eh bien, petit, lui dis-je, comment ferons-nous nos préparatifs de voyage ?

J'essaye de le ramener à la conversation de la veille, mais il ne répond pas. Je sens seulement ses petits doigts trembler dans ma main. « Eh! me dis-je, cela va mal, il y a du nouveau. »

Nous arrivâmes comme nous faisons maintenant jusqu'à cette pierre. Je m'y assis avec lui. A ce moment, on lançait des cerfs-volants. Il y en avait là une trentaine, tous bourdonnants et tournoyants. C'est la saison, vous savez.

— Eh bien ! Ilioucha, lui dis-je, il serait temps de lancer notre cerf-volant de l'année dernière. Il faudra que je le répare. Où l'as-tu rangé ?

Il ne me répond toujours rien et regarde de l'autre côté. Tout à coup, le vent se met à souffler plus fort en soulevant la poussière. Il se jette sur moi, enlace mon cou de ses petites mains en m'étreignant. Vous savez bien, quand les enfants sont silencieux et orgueilleux, quand ils retiennent longtemps leurs larmes, quand le grand chagrin leur vient, elles jaillissent tout à coup, non plus comme des larmes, mais comme des torrents. Et tout à coup, c'est de ces torrents qu'il a inondé mon visage. Il était tout secoué par les sanglots et me serrait entre ses bras. Moi, je restais atterré sur la pierre.

— Petit papa! mon petit papa! mon cher petit papa, comme il t'a humilié!...

Alors moi aussi je fondis en larmes, et nous restâmes là tous les deux, secoués par la même émotion.

« Mon petit papa! mon petit papa! » me répétait-il. Et moi je lui répondais à mon tour : « Ilioucha! mon petit Ilioucha! » Personne ne nous a vus en ce moment-là. Dieu seul a été témoin. Peut-être me comptera-t-il aussi cela dans mes états de service... Remerciez donc votre frère, Alexey Fédorovicth! Quant à fouetter mon gamin pour vous satisfaire, je ne le ferai pas.

Il termina là-dessus avec une bouffonnerie pleine de méchanceté.

Cependant Alexey comprenait déjà qu'il avait acquis sa confiance et que le capitaine n'eût pas parlé ainsi à un autre homme et ne se fût pas épanché devant lui comme il venait de le faire. Cette pensée l'encouragea.

— Ah! que je voudrais donc me réconcilier avec votre fils! s'écria-t-il. Si vous arrangiez cela?

— Parfaitement, murmura le capitaine.

— Mais maintenant il ne s'agit pas de cela, mais pas du tout. Écoutez! écoutez-moi. J'ai une commission à vous faire : mon frère, ce même Dimitri a aussi offensé sa fiancée, une noble jeune fille dont vous avez probablement entendu parler. J'ai le droit de vous parler de cette offense et même je dois le faire, car, lorsqu'elle apprit votre humiliation et à la fois votre situation malheureuse, elle m'a chargé tout à l'heure de vous transmettre ce secours de sa part... mais ce n'est que de sa part, et pas de celle de Dimitri, qui l'a abandonnée, elle aussi, et ce n'est pas non plus de ma part, de moi, le frère de Dimitri. C'est en un mot d'elle, et d'elle seule... Vous êtes tous les deux offensés par le même homme... Même ce n'est que lorsqu'elle eut subi une offense semblable qu'elle s'est souvenue de vous, et son offense était aussi grande que la vôtre. Cela veut dire qu'une sœur veut venir en aide à un frère... C'est expressément dans ce sens qu'elle m'a prié de vous persuader d'accepter ces deux cents roubles, sachant combien ils peuvent vous être utiles. Personne jamais n'en saura mot.

Aucun bavardage injuste ne peut s'en suivre. Voilà ces deux cents roubles, et je vous jure que vous devez les accepter. Autrement... autrement tous les hommes seraient ennemis. Et pourtant il existe encore des frères dans ce monde... Vous avez une âme noble. Vous devez comprendre cela, vous le devez!...

Et Alexey lui tendit deux billets neufs de cent roubles.

Ils se trouvaient en ce moment près de la grande pierre, et il n'y avait personne à distance.

Les billets de banque semblaient produire sur le capitaine une profonde impression. Il tressaillit, mais d'abord par le fait seul d'une extrême surprise. Il ne s'était jamais rien imaginé de semblable, et une pareille issue était tout à fait inattendue pour lui. Il n'avait jamais même rêvé d'obtenir un secours de quelqu'un, surtout si considérable.

Il prit les billets, et pendant une minute il ne put rien répondre. Tout à coup un sentiment nouveau s'exprima sur son visage :

— Et c'est à moi ! à moi ! Deux cents roubles, tant d'argent, mes petits pères ! Mais il y a quatre ans passés que je n'ai même pas vu tant d'argent ! Seigneur ! Et il dit que c'est comme une sœur... Est-ce vrai ? est-ce vrai ?

— Je vous jure que tout ce que je viens de vous dire est vrai ! s'écria Alexey.

Le capitaine rougit.

— Ecoutez, cher ami, écoutez-moi. Si je les accepte, ne serai-je point une canaille ? A votre avis, Alexey Fédorovitch, je ne serai pas un vaurien, n'est-ce pas ? Mais écoutez, écoutez donc, Alexey Fédorovitch ! disait-il d'une voix précipitée, touchant Alexey de sa main.

Voilà, vous me persuadez d'accepter cela parce que c'est une « sœur » qui l'envoie. Mais en vous-même, en votre conscience, ne sentiriez-vous pas de mépris pour moi si je l'accepte ?

— Mais non, mais non ; sur tout ce que j'ai de sacré au monde, je vous jure que non ! Personne ne le saura jamais en dehors de nous : moi, vous, elle et encore une dame qui est sa grande amie à elle...

— Que m'importe la dame ! Ecoutez, Alexey Fédorovitch, puisque le moment de vous tout avouer est déjà venu, vous ne pouvez même pas comprendre ce que peuvent être pour moi, en ce moment, ces deux cents roubles, continuait le malheureux en entrant peu à peu dans une sorte d'extase désordonnée.

Le capitaine semblait absolument déconcerté, il parlait avec précipitation et comme s'il craignait qu'on ne lui laissât pas le temps de tout dire.

— Sans parler que cela est acquis honnêtement, continuait-il, reçu d'une « sœur » aussi estimable et si sainte, pensez encore que je puis l'employer à soigner maman et Ninotchka, ma femme et mon petit ange bossu, ma fillette. Le docteur Herzenschtubé est venu les voir et les a examinés une heure entière par bonté. « Je n'y comprends rien, m'a-t-il dit, et cependant l'eau minérale qui est à la pharmacie sera sûrement utile à la mère, de même les bains de pieds composés à différentes potions. » Et cependant cette eau minérale coûte trente kopecks, et il lui faudra en absorber au moins une quarantaine de bouteilles.

J'ai pris alors l'ordonnance et je l'ai mise au-dessous des icones. C'est là qu'elle se repose jusqu'ici.

Pour Ninotchka, il a ordonné de lui

faire prendre un bain chaud composé de toute sorte d'herbes et de le faire chaque matin et chaque soir. Comment pouvions-nous suivre une pareille cure? Chez nous, dans notre château, sans domestiques, sans aide, sans récipient, sans eau.

Et pourtant la pauvre fillette est toute enrhumatisée. Je ne vous en ai pas parlé encore. Pendant la nuit, tout son côté droit lui fait mal. Elle souffre terriblement; mais, le croiriez-vous, cet ange de Dieu fait tous ses efforts pour ne pas gémir, pour ne pas nous déranger, pour ne pas nous éveiller.

Nous mangeons n'importe quoi, ce qu'on trouve. Eh bien, c'est le dernier morceau qu'elle prend, celui qui reste, qu'on ne peut jeter qu'à un chien : « Je ne mérite pas ce morceau, semble-t-elle dire. Je vous en prive, je vous suis une charge. »

Voilà ce que son regard d'ange semble nous exprimer. Si nous la servons, cela lui pèse : « Je ne le mérite pas, je ne suis, moi, qu'une misérable estropiée, une inutile. » Quoi! c'est elle qui ne le mérite pas, elle qui par sa douceur d'ange intervient pour nous devant Dieu!... Sans elle, sans sa douce parole, ce serait l'enfer chez nous.

Elle a pu adoucir même ma fille Varvara. Et cette Varvara Nikolaievna ne la jugez pas mal non plus. C'est aussi un ange, aussi une humiliée. Quand elle est arrivée à la maison cet été, elle avait avec elle seize roubles qu'elle avait gagnés en donnant des leçons, et qu'elle réservait pour retourner à Pétersbourg au mois de septembre, c'est-à-dire en ce moment-ci. Et nous, nous avons pris son argent et l'avons dépensé. Et maintenant, il n'y a plus moyen qu'elle retourne. Voilà comment sont les choses.

Et puis, elle ne le pourrait pas dans tous les cas, car elle travaille pour nous comme un forçat. Oui, nous l'avons attelée comme une rosse. Elle nous soigne, elle nettoie, elle lave, elle balaye, elle couche la maman dans son lit, et la maman est capricieuse, la maman est pleurnicheuse, la maman est folle!...

Vous voyez donc qu'avec ces deux cents roubles je pourrai avoir un domestique. Comprenez-vous, Alexey Fédorovitch? Je pourrai commencer la cure de ces chers êtres, envoyer l'étudiante à Pétersbourg, acheter de la viande, en un mot établir un nouveau régime. Seigneur! mais c'est un rêve!

Alexey était fort satisfait de lui procurer tant de bonheur et de voir le malheureux consentir à se soumettre.

— Attendez, Alexey Fédorovitch, attendez, fit tout à coup le capitaine qui semblait avoir une idée nouvelle, et il se mit à parler avec une précipitation redoublée.

— Mais savez-vous que dans ce cas nous pourrions peut-être réaliser ce rêve que nous avons fait avec Ilioucha. Nous achèterons un cheval et une voiture, un cheval bai, il a demandé qu'il fût bai, et nous nous en irons comme nous en avons parlé avant-hier.

Dans le gouvernement de Kiev, je connais un avocat qui est un ami d'enfance, un homme en qui j'ai toute confiance, et qui m'a dit qu'il me donnerait dans son bureau une place de secrétaire si j'allais dans sa ville. Et qui sait ? Peut-être qu'il me la donnera...

Eh bien, alors j'emmènerai la maman. Ninotchka, je mettrai Ilioucha pour conduire, et moi je marcherai tout auprès... Seigneur ! Si seulement je pouvais recouvrer une petite créance, cela peut-être suffirait.

— Cela suffira, cela suffira, continua Alexey. Katérina Ivanovna vous en enverra encore, tant que vous voudrez. Et puis, j'ai aussi de l'argent, moi. Vous me demanderez ce qu'il faut, comme à un frère, comme à un ami, et puis plus tard vous me le rendrez, car vous deviendrez riche, vous deviendrez riche. Et savez-vous bien que jamais vous n'auriez pu imaginer rien de mieux que ce déménagement dans une autre province. C'est votre salut, et surtout celui de votre fils. Et savez-vous encore qu'il faut le faire le plus tôt possible, avant que l'hiver et les froids ne viennent. Vous nous écrirez alors de là-bas et nous resterons frères... Non, ce n'est pas un rêve.

Alexey voulait même se jeter à son cou tant il était content.

Mais, jetant un regard sur le capitaine, il s'arrêta tout à coup : celui-ci, la tête tendue, les lèvres avancées, le visage défait et pâle murmurait quelque chose qu'on ne pouvait comprendre. On n'entendait aucun son, mais il remuait toujours ses lèvres et d'une façon étrange.

— Qu'avez-vous? demanda Alexey en tressaillant.

— Alexey Fédorovitch!... Je... vous... murmurait le capitaine en regardant son interlocuteur d'une manière étrange et sauvage, comme s'il venait de tomber d'une montagne, et gardant cependant son sourire... — Voulez-vous que je vous montre un petit truc, fit-il tout à coup d'une voix basse, mais qui n'avait plus d'hésitation.

— Quel truc?

— Mais un truc, un petit truc, disait le capitaine. Sa bouche se convulsa, son œil gauche cligna, et il continuait à fixer Alexey comme fasciné.

— Mais qu'avez-vous? Quel truc? s'écria ce dernier, cette fois épouvanté.

— Et voilà lequel. Regardez.

Et lui montrant les deux billets de cent roubles que pendant toute la conversation il avait tenus par le coin entre deux doigts de la main droite, il les saisit dans sa main gauche et, avec rage, il les froissa et les serra fortement.

— Avez-vous vu? avez-vous vu? s'écria-t-il pâle et exaspéré; et soudain, levant son poing, il lança par terre de toute sa force les deux billets chiffonnés.

— Avez-vous vu? répéta-t-il en les lui montrant du doigt. Eh bien, en voilà!...

Et levant son pied droit, il se mit à les piétiner avec une colère sauvage en s'exclamant à chaque coup de son talon sur le sol :

— Le voilà votre argent! le voilà votre argent! le voilà votre argent!...

Mais tout à coup il fit un bond en arrière et se redressa devant Alexey. Toute son attitude disait une fierté inexprimable.

— Rapportez à ceux qui vous ont envoyé que la Motchalka ne vend pas son honneur! s'écria-t-il en accompagnant ces mots d'un geste impératif.

Puis, rapidement, il se détourna et se mit à courir.

Mais à peine eut-il fait cinq pas qu'il se retourna et envoya un baiser de la main à Alexey.

Cinq pas après, il se retourna de nouveau, cette fois sans aucun sourire, mais au contraire la face baignée de larmes.

D'une voix toujours précipitée et tremblante, suffocant, il lui cria :

— Et qu'est-ce donc que j'aurais dit

à mon gamin si je vous avais pris cet argent pour ma honte ?

Et cela dit, il s'en fut sans plus se détourner. Alexey le suivit des yeux, plein de tristesse.

O! il comprenait bien que jusqu'au dernier moment, le capitaine ne savait pas s'il froisserait et jetterait ces billets.

Le capitaine qui courait ne se retourna pas une seule fois, et Alexey savait bien qu'il ne se retournerait pas. Lui courir donc après et l'appeler, il ne le voulait pas, sachant que c'était inutile.

Quand le capitaine eut disparu, Alexey ramassa les billets. Ils n'étaient que très froissés et enfoncés dans le sable, mais aucunement déchirés. Ils firent même le bruit que font les billets neufs quand Alexey les étira. Puis il les plia, les mit dans sa poche et retourna auprès de Katérina Ivanovna lui faire part de l'insuccès de sa mission.

XI

Depuis quinze jours, Ilioucha n'avait pas quitté son lit. Depuis longtemps, depuis le jour où il avait rencontré Chestomazov et lui avait mordu le doigt, il n'était pas retourné à la classe. Ce fut aussi ce jour-là que la maladie le prit.

Pendant un mois, il put encore, il est vrai, marcher dans la chambre et le vestibule, quittant son lit de temps à autre; mais peu après, il se trouva si faible qu'il ne pouvait faire un pas sans l'aide de son père.

Le capitaine était très effrayé de la maladie de son fils, à un tel point qu'il en cessa de boire. L'idée qu'Ilioucha pouvait mourir l'avait affolé, et parfois, après l'avoir promené dans la chambre et couché dans son lit, il allait se cacher dans un coin sombre du vestibule, et là, le front sur le mur, pleurait en sanglots étouffés et tremblant de tous ses membres, de crainte d'être entendu par Ilioucha.

Quand il revenait dans la chambre, il s'efforçait de distraire et de consoler son fils en lui racontant des histoires ou des anecdotes, ou en contrefaisant les gens ridicules qu'il avait vus dans la journée, ou encore en imitant les cris des animaux.

Ilioucha n'aimait pas voir son père faire des grimaces ou des bouffonneries, il ne disait cependant rien : il comprenait avec douleur que son père était humilié dans la société, et il se souvenait du « terrible jour ».

Ninotchka, la pauvre estropiée timide et douce, n'aimait pas non plus voir son père faire le bouffon. Leur mère, elle, s'amusait beaucoup de ces scènes et riait de tout son cœur en voyant son mari faire des gestes comiques.

C'était d'ailleurs sa seule distraction. Tout le reste du temps elle grognait et pleurnichait, répétant qu'on l'abandonnait, qu'aucun ne l'estimait, qu'on la rendait malheureuse, etc.

Un changement inattendu s'était pourtant opéré en elle durant ces derniers jours. Souvent elle regardait le coin où Ilioucha était étendu et restait rêveuse; elle était devenue plus silencieuse, et si elle pleurait, c'était à voix basse pour ne pas être entendue.

Le capitaine voyait ces changements

avec une amertume mêlée d'étonnement.

Tout d'abord les visites des enfants n'avaient pas été agréables à la mère d'Ilioucha, et la mettaient en colère. Plus tard, leurs cris joyeux et leurs propos la distrayaient et lui plaisaient à un tel point qu'elle eût été fort chagrinée de les voir cesser.

Quand les enfants racontaient quelque chose d'amusant, elle riait et battait des mains, elle appelait même auprès d'elle quelques uns d'entre eux et les embrassait.

Elle affectionnait surtout Smourov.

Quant au capitaine, l'arrivée des enfants, venus pour distraire Ilioucha, emplissait de joie son âme et lui faisait espérer que son fils quitterait sa tristesse et arriverait à guérir.

Du premier jour au dernier, il ne douta pas de cette guérison, et cela malgré de grandes appréhensions. Il considérait ses jeunes hôtes avec une sorte de vénération, les recevait de son mieux, toujours prêt à les faire monter sur son dos. Il avait même commencé ce jeu, mais cela n'avait pas plu à Ilioucha ; il achetait en revanche toutes sortes de friandises, des noisettes, des gâteaux, du thé, des tartines, etc. L'argent ne lui manquait plus. Il le tenait de Katérina Ivanovna, qui, comme on sait, avait été cruellement émotionnée de la conduite aussi injuste qu'indigne de son fiancé et avait voulu la réparer dans la mesure du possible en soulageant la misère de la famille Sneguirev.

Mais ce ne fut que lorsque le capitaine craignit sérieusement pour la vie de son fils qu'il se décida à accepter un premier secours.

Katérina Ivanovna ayant appris par la suite dans quelles circonstances Ilioucha était tombé malade vint rendre visite à la famille éprouvée, fit connaissance avec elle et sut même conquérir les bonnes grâces de la femme du capitaine.

Sa générosité ne tarissait pas. Sur son invitation, Herzenschtubé, le meilleur médecin de la ville, était venu voir le malade tous les deux jours ; mais toutes les drogues qu'il faisait avaler à Ilioucha n'avaient eu encore aucun résultat sensible.

Enfin le dimanche où nous avons commencé notre histoire, un nouveau docteur, fraîchement arrivé de Moscou et qui passait pour une célébrité devait visiter le petit malade. C'était Katérina Ivanovna qui l'avait fait venir de la capitale moyennant une forte somme, pas précisément pour Ilioucha, mais pour soigner un des parents de la jeune fille, et elle avait profité de son passage pour lui faire voir Ilioucha.

Quant à Krasotkine, dont le souvenir faisait tant souffrir le petit malade, tout en souhaitant ardemment sa visite, on n'y songeait même plus.

XII

Lorsque Krasotkine ouvrit la porte et fit son entrée dans la chambre, le capitaine et les gamins entouraient le petit lit d'Ilioucha, examinant le jeune chien qu'on venait d'apporter et qui devait faire oublier à Ilioucha la disparition de Joutchka.

Ilioucha savait depuis trois jours qu'on allait lui donner un petit chien de race, et paraissait fort content de ce cadeau; il y voyait une délicate attention; mais au fond, et comme tout le monde pouvait le voir, ce chien ne faisait que lui rappeler plus vivement le souvenir de la pauvre Joutchka, sa victime.

Il caressait de sa petite main pâle et amaigrie le petit chien qui remuait près de lui, et il avait plaisir à le faire, mais ce n'était pas Joutchka. S'il y avait eu là Joutchka et le petit chien, son bonheur eût été au comble!

— Voilà Krasotkine! s'écria un des gamins qui avait le premier aperçu Kolia.

Tout s'agita dans la chambre. Les gamins se rangèrent, faisant une place auprès du lit d'Ilioucha.

Le capitaine s'empressa au-devant de Kolia.

— Veuillez donc entrer, veuillez donc entrer, mon cher hôte, murmurait-il. Ilioucha, voilà M. Krasotkine qui vient te rendre visite...

Mais Krasotkine, rien qu'en tendant

la main au capitaine, avait déjà montré qu'il avait l'habitude du monde.

Avant toute chose, il s'était adressé à la femme du capitaine, assise dans son fauteuil. (Elle était justement en ce moment mécontente de ce que les enfants, en entourant le lit, l'empêchassent de voir le petit chien). Kolia s'inclina donc fort poliment devant elle, puis se tournant vers la seconde dame, Ninotchka, la salua de même.

Une telle politesse impressionna la mère très agréablement.

— Voilà, dit-elle en gesticulant, où l'on voit tout de suite un jeune homme bien élevé. Ce n'est pas comme vous autres qui entrez à cheval l'un sur l'autre.

— Comment cela, maman, l'un sur l'autre? dit le capitaine d'une voix tendre, mais redoutant un peu une sortie de la « maman ».

— Mais tout simplement à cheval,

l'un monte sur les épaules de l'autre dans le vestibule, et ils entrent ainsi dans une famille honnête. Est-ce que ce sont des hôtes vraiment !

— Mais qui donc, maman, est venu comme cela ?

— Et celui-là sur celui-ci, et celui-ci sur celui-là...

Cependant Kolia s'approcha du lit d'Ilioucha.

Le malade pâlit à sa vue, se souleva sur son lit et le regarda fixement.

Il y avait deux mois déjà que Kolia n'avait pas vu son ami ; aussi fut-il frappé à sa vue : il n'avait même pu s'imaginer qu'il trouverait son visage si maigre et si jauni, ses yeux à ce point agrandis et brûlants de fièvre, ses mains sèches. Il remarquait avec étonnement sa respiration oppressée et ses lèvres décolorées.

Il fit un pas en avant, tendit la main et tout troublé lui dit :

— Eh bien, mon vieux... comment vas-tu ?

Mais sa voix était étranglée par l'émotion ; il quitta son air indifférent, son visage se contracta et ses lèvres tremblèrent.

Ilioucha répondit par un sourire de malade, sans avoir la force d'articuler un mot. Kolia leva la main et, sans savoir pourquoi, la passa dans les cheveux d'Ilioucha.

— Ce n'est rien, fit Ilioucha doucement et comme s'il eût voulu donner du courage à son ami, ou plutôt ne sachant pourquoi il l'avait dit.

Il se fit une minute de silence.

— Tiens, tu as un nouveau chien, dit Kolia d'une voix qu'il s'efforçait de rendre indifférente.

— Oui... fit Ilioucha d'une voix traînante et étouffée.

— Il a le museau noir, cela veut dire qu'il sera méchant et qu'il le faudra mettre à la chaîne, ajouta Kolia d'un air ferme et grave, comme si toute l'importance de la conversation eût résidé dans le chien et dans la couleur de son nez.

La vérité, c'est que Kolia s'efforçait autant qu'il le pouvait à contenir ses sentiments et à ne pas pleurer comme un « gamin ». Il n'y parvenait pourtant pas.

— Quand il sera grand il faudra le mettre à la chaîne, je m'y connais.

— Il sera très grand, dit un des gamins.

— Certainement ; un chien de cette race devient grand comme un veau, firent les autres.

— Comme un veau, comme un vrai veau, dit alors le capitaine. J'ai été chercher tout exprès le plus méchant ; ses parents sont aussi très grands et très méchants. Il sera aussi grand que cela... Mais asseyez vous donc un peu sur le lit d'Ilioucha si vous voulez, ou bien ici sur le banc, je vous en prie, cher hôte si longtemps attendu... N'êtes vous pas venu avec M. Alexey ?

Krasotkine s'assit au pied du lit d'Ilioucha.

Il avait bien préparé pendant le chemin les divers sujets de la conservation, mais il avait tout oublié en entrant.

— Non, je suis venu avec Pérezvon ; c'est mon chien, Pérezvon, c'est un nom slave... Il attend à la porte... Je n'ai qu'à siffler et il va accourir. J'ai aussi un chien, ajouta-t-il en se tournant vers Ilioucha. Est-ce que tu te rappelles, mon vieux, de Joutchka ?

A cette question, qui fut lancée comme la foudre, Ilioucha changea de visage, et il regarda Kolia avec une expression douloureuse. Alexey, qui se trouvait près de la porte, fronça les sourcils et fit signe à la dérobée à Kolia de ne pas parler du chien.

Kolia ne remarquait rien, ou plutôt il ne voulait pas remarquer.

— Mais... où est-elle... Joutchka? demanda Ilioucha d'une voix faible.

— Eh! mon frère, ta Joutchka fut!... Elle est perdue, Joutchka.

Ilioucha ne dit pas un mot et regarda encore fixement Kolia.

Alexey saisissant au vol les regards de Kolia tâchait de lui faire comprendre qu'il fallait se taire, mais le gamin ne regardait plus de son côté et feignait de ne pas comprendre.

— Elle s'est enfuie quelque part et s'est perdue; comment pouvait-il en être autrement après avoir avalé un si bon morceau, poursuivait Kolia sans pitié. — Il est vrai que Pérezvon en revanche... C'est un nom slave... Je te l'ai amené...

— Il n'en faut pas... fit Ilioucha.

— Non, non, il faut, il faut absolument, tu vas le voir... il va te distraire. Je l'ai amené exprès pour toi. Il a autant de poil que l'autre.

— Vous me permettez, Madame, de faire entrer mon chien, ajouta-t-il en se tournant vers Mme Snéguirev et en proie à une grande émotion.

— Non, il n'en faut pas, répétait Ilioucha d'une voix douloureuse, et son reproche se trahissait dans ses yeux.

— Vous ferez bien... intervint alors le capitaine se levant du coffre où il était assis. Vous ferez bien... une autre fois.

Kolia, insistant, cria tout à coup à Smourov :

— Smourov, ouvre la porte.

A peine Smourov eut-il ouvert et Kolia eut-il sifflé que Pérezvon se précipitait dans la chambre.

— Allons, saute, Pérezvon! Fais le beau! fais le beau! criait Kolia en quittant sa place.

Le chien se mit sur ses pattes de derrière et se dressa debout, juste en face le lit d'Ilioucha.

Personne ne s'attendait à ce qui allait se passer.

Ilioucha tressaillit et, rassemblant toutes ses forces, il se pencha vers Pérezvon, l'examinant avec une fixité effrayante :

— C'est... Joutchka!... s'écria-t-il enfin d'une voix brisée par la souffrance et la joie.

— Et qui donc pouvait-il être! fit Krasotkine d'une voix sonore et heureuse.

Et, saisissant le chien, il le porta sur le lit d'Ilioucha.

— Regarde bien, mon vieux, tu vois, un œil louche et une oreille déchirée : c'est bien le signalement dont tu m'avais parlé et qui m'a permis de le trouver. Je l'ai retrouvé tout de suite après, et comme il n'était à personne... je l'ai pris, dit-il en se tournant vers le capitaine, vers sa femme et revenant encore à Ilioucha.

— Il était blotti dans une cour où on ne lui donnait pas à manger. C'est un chien qui vient d'un village voisin. Je l'ai donc trouvé là... C'est qu'il n'avait pas avalé ton morceau, vois tu, mon vieux, car sans cela sûrement il serait mort. Il l'avait craché, puisqu'il est en vie; et toi tu n'avais pas remarqué cela. Il l'avait pourtant bien jeté, et s'il a crié c'est qu'il s'était piqué la langue. Il courait, il criait, et c'est ce qui t'a fait croire qu'il l'avait avalé. Il a dû crier bien fort, car la peau de la langue est très tendre chez un chien, bien plus que chez l'homme.

Kolia poursuivit ainsi, tout animé et le visage rayonnant de joie.

Ilioucha ne pouvait dire une parole. Il regardait Kolia avec ses grands yeux sortis des orbites, la bouche béante, pâle comme un linge.

Si Krasotkine avait pu seulement penser quelles conséquences douloureuses et nuisibles un tel moment pouvait avoir sur le malade, il n'eût certes pas agi ainsi. Mais dans la chambre, il n'y avait peut être qu'Alexey qui pouvait le comprendre.

Le capitaine était devenu comme un enfant.

— Joutchka? C'est bien Joutchka! s'écriait-il d'une voix joyeuse. C'est elle, c'est ta Joutchka! Maman, c'est Joutchka!

Et il pleurait.

— Et moi qui ne l'ai pas deviné! s'écriait Smourov avec amertume. Ah! ce Krasotkine, je disais bien qu'il trouverait Joutchka, et il l'a trouvée.

— Et voilà qu'il l'a trouvée, fit une autre voix joyeuse.

— Bravo, Krasotkine! fit un troisième.

— Bravo! bravo! firent tous les gamins en applaudissant.

— Mais attendez donc, attendez donc un peu, criait Krasotkine plus haut que toutes les voix. — Je veux vous raconter comment la chose est arrivée :

Quand j'eus trouvé le chien, je le cachai à la maison et l'enfermai à clef. Jusqu'à présent je ne l'ai montré à personne. Smourov seul apprit il y a quinze jours que j'avais un chien, mais je lui persuadai que ce chien s'appelait Pérezvon. Pendant ce temps, j'apprenais à Joutchka toutes sortes de tours. Voyez tout ce qu'elle sait faire. J'ai dressé Pérezvon comme cela pour te l'amener, à toi, mon vieux, tout dressé et bien portant : « Là, mon vieux, regarde un peu comment est ta Joutchka maintenant ! »

N'auriez-vous pas un morceau de viande ? Il va vous faire un tel tour que vous allez tous mourir de rire. Un morceau de viande, je vous prie ? Vous en avez bien un morceau ?

Le capitaine courut par le vestibule dans l'izba du propriétaire de la maison où l'on faisait cuire aussi le dîner de sa famille.

Pendant ce temps, Kolia, avec une précipitation exagérée, ordonnait à Pérezvon de faire le mort. Pérezvon se mit aussitôt à tournoyer, se jeta sur le dos et resta immobile, les quatre pattes en l'air.

Les enfants riaient. Ilioucha regardait toujours avec le même douloureux sourire, mais c'était à la maman que plaisait le plus ce tour de Pérezvon. Elle se mit à rire, claqua des doigts et appela :

— Pérezvon ! Pérezvon !

— Il ne se lèvera pour rien, pour rien au monde, dit Kolia d'un air triomphant. — Même quand tout le monde l'appellerait ; tandis que je n'ai qu'à dire un mot pour que tout de suite il se lève... Ici, Pérezvon !

Le chien se leva d'un bond et se mit à sauter en poussant des cris de joie. En ce moment, le capitaine rentrait avec un morceau de viande cuite.

— Elle n'est pas chaude ? fit Kolia

d'un ton d'importance et tout en prenant le morceau. — Non, elle n'est pas chaude. Je demande cela parce que les chiens n'aiment pas manger chaud. Regardez bien tous, maintenant. Ilioucha, regarde, mon vieux ! Pourquoi ne regardes-tu pas ? Je l'amène exprès et tu ne regardes même pas.

Le nouveau tour de Pérezvon consistait à rester immobile, le morceau de viande droit sur le nez, puis il fallait rester ainsi jusqu'à ce que le maître eût décidé, et cela pouvait durer une demi-heure. Heureusement pour Pérezvon, cela ne dura cette fois qu'un instant.

— Attrape ! s'écria enfin Kolia, et aussitôt le morceau passa du nez de Pérezvon à sa bouche.

Il va sans dire que le public applaudit avec transports.

— Alors ce n'était que pour cela, pour dresser ce chien, que vous êtes resté si longtemps sans venir? fit Alexey avec un reproche involontaire.

— C'était bien pour cela, répondit Kolia naïvement. Je voulais le présenter dans tout son éclat.

— Pérezvon ! Pérezvon ! fit tout à coup Ilioucha en faisant claquer ses petits doigts maigres.

— Quoi ! quoi ! Il faut qu'il monte sur ton lit. Ici, Pérezvon !

Kolia frappa sur le lit de sa main et Pérezvon sauta près d'Ilioucha. Celui-ci prit la tête du chien dans ses mains, et Pérezvon le remercia en lui léchant la joue. Le gamin se serra alors contre le chien, s'allongea sur son lit et cacha son visage dans les longs poils du chien.

— Oh! Seigneur ! Seigneur ! exclamait le capitaine.

Kolia revint s'asseoir sur le lit.

— J'ai encore quelque chose à te montrer, Ilioucha. Je veux te montrer un petit canon. Tu te souviens que je t'en ai parlé jadis, tu me disais même que tu voudrais le voir. Eh bien ! je te l'apporte.

Et Kolia, toujours affairé, tira de son sac le petit canon de cuivre. Il se dépêchait, tant il était heureux lui-même.

Un autre jour, il aurait attendu que Pérezvon eût obtenu tout son effet, mais ce jour-là il ne gardait aucune réserve. « Puisqu'on est si heureux, voilà encore du bonheur, pensait-il. » Et son âme s'emplissait de joie.

— Il y a déjà longtemps que je le guignais chez le fonctionnaire Morozov, et c'était pour toi, mon vieux, pour toi. Ce canon ne faisait rien chez lui. Il le tenait de son frère, et je l'ai échangé pour un livre de la bibliothèque de mon père, c'est : *le Parent de Mahomet ou la bêtise comme remède*. Ce livre date de cent ans, et il est bien curieux. On l'a imprimé à Moscou avant la censure. Marozov aime ces livres-là. Il m'a même bien remercié...

Kolia tenait le petit canon dans sa main pour que tout le monde pût le voir et jouir du spectacle.

Ilioucha se souleva un peu sur son lit et, tenant toujours Pérezvon dans son bras droit, examina curieusement le joujou.

Mais l'effet fut plus grand encore quand Kolia ajouta qu'il avait aussi de la poudre et qu'on pouvait tirer tout de suite si les dames n'en étaient pas effrayées.

La maman demanda à voir le joujou de plus près, et on le lui remit aussitôt.

Le canon de cuivre avec ses roues mobiles lui plut énormément, et elle le fit rouler sur ses genoux.

On lui demanda la permission de tirer ; elle y consentit immédiatement sans comprendre, d'ailleurs, ce qu'on lui demandait.

Kolia fit voir la poudre et les grains de plomb. En sa qualité d'ancien militaire, le capitaine chargea lui-même la pièce avec un peu de poudre, mais il demanda de laisser le plomb pour un autre jour.

Le canon fut placé sur le plancher, la gueule tournée vers un coin, et on y mit le feu avec une allumette. Il partit avec un bruit éclatant.

La « maman » tressaillit, puis se mit à rire de joie.

Les gamins regardaient silencieux et d'un air triomphant; le capitaine surtout était enchanté et ne quittait pas des yeux son enfant.

Kolia ramassa le canon et en fit cadeau à Ilioucha avec la poudre et le plomb.

— C'est pour toi, pour toi que je l'ai

préparé depuis longtemps, disait-il d'une voix toute joyeuse.

— Non, faites m'en cadeau à moi plutôt, demanda tout à coup la « maman » comme eût fait un enfant.

L'inquiétude qu'elle avait de ne pas avoir le canon perçait sur son visage.

Kolia se troubla. Quant au capitaine, il s'agitait, fort inquiet aussi.

— Maman, maman, dit le capitaine en allant à sa femme. Le canon est à toi, à toi. Il restera à Ilioucha parce qu'on le lui a donné; mais c'est comme s'il était à toi; il te le prêtera pour jouer, il sera à vous deux...

— Non, je n'en veux pas pour nous deux, je le veux tout à fait pour moi, pas pour Ilioucha, exclama la « maman », prête à fondre en larmes.

— Prends-le, maman, fit Ilioucha.

— Krasotkine, je puis le lui donner, n'est ce pas ? dit-il à Kolia d'un ton suppliant, comme s'il craignait que Kolia ne s'offensât de lui voir donner son cadeau.

— Mais certainement, certainement, répondit Krasotkine, et, prenant le canon des mains d'Ilioucha, il le porta à la maman en la saluant poliment.

La maman pleura de reconnaissance.

— Mon cher petit Ilioucha ! En voilà un qui aime sa maman, s'écria-t-elle, en se remettant à rouler le canon sur ses genoux.

— Laisse-moi embrasser ta main, maman, dit le capitaine; il prit la main de sa femme et la baisa.

— Et puis, un bien charmant jeune homme, c'est celui-là, ajouta la bonne dame en désignant Krasotkine.

— Quant à la poudre, Ilioucha, je t'en apporterai autant que tu voudras. Maintenant nous la faisons nous-mêmes. Un de mes amis a appris sa fabrication : on prend vingt-quatre parties de salpêtre, dix de soufre et six de charbon de bois. On pile tout cela avec un peu d'eau pour faire une pâte que l'on passe à travers un tamis et la poudre est faite.

— Smourov m'a déjà parlé de votre poudre; seulement papa dit que ce n'est pas la vraie.

— Comment pas la vraie? dit Kolia en rougissant. Et pourtant elle brûle... D'ailleurs, je ne sais pas...

— Non, non, ce n'est pas cela... fit le capitaine embarrassé. J'ai bien dit, il est vrai, que la vraie poudre ne se faisait pas ainsi; mais cela m'empêche pas que celle-là ne puisse servir tout de même.

— Je ne sais pas, vous savez mieux que nous. Nous en avons pourtant allumé dans un vieux pot à pommade, et elle a très bien brûlé; il n'y a eu que fort peu de suie. Ce n'était pourtant que de la pâte, tandis que si on l'eût passée au tamis... Vous vous y connaissez toutefois mieux que moi.

Mais à propos, fit-il à Ilioucha, n'as-tu pas entendu parler que Boulkine a été fouetté par son père au sujet de notre poudre ?

— Oui, j'en ai entendu parler, répondit le petit malade, qui écoutait Kolia avec un intérêt passionné.

— Nous avions préparé toute une bouteille de poudre, et il la gardait sous son lit. Son père s'en aperçut : « Cela peut faire explosion, » s'écria-t-il, et il fouetta Boulkine, comme on peut penser. Il voulait même porter plainte au lycée. Depuis ce temps-là il ne laisse plus son fils aller avec moi. D'ailleurs, on ne le permet plus maintenant à personne, à Smourov non plus. J'ai maintenant une réputation de casse-cou, ajouta-t-il avec un sourire de mépris. — Tout cela a commencé avec l'histoire du chemin de fer.

— Oui, nous en avons aussi entendu parler, dit le capitaine. Mais comment avez-vous pu rester là ? Est-ce que vraiment vous n'avez pas eu peur quand le train a passé sur vous ?

Il était clair que le capitaine cherchait à gagner les bonnes grâces de Kolia.

— Non, pas trop, répondit Kolia nonchalamment. — Mais ce qui m'a surtout perdu de réputation, c'est cette maudite oie.

Et bien que Kolia affectât un air distrait au récit de ses prouesses, il ne pouvait pourtant se maîtriser et parlait à tort et à travers.

— Oui, on me l'a racontée cette histoire, dit Ilioucha avec un bon rire épanoui. — On me l'a racontée, mais je n'ai pas bien compris. Est-ce qu'on t'a vraiment appelé devant le juge de paix ?

— C'est une bien sotte affaire. Une chose toute insignifiante et qu'on a exagérée démesurément, comme toute chose chez nous. Voilà comment cela arriva : je passais un jour sur la place au moment où l'on amenait une bande d'oies. Je me suis arrêté et j'ai regardé ces bêtes. Tout à coup un garçon d'ici, Vichniakov, qui est maintenant domestique chez les Plotnikov, me regarde en disant : « Pourquoi regardes-tu comme cela ces oies ? »

Je regarde ce Vichniakov; c'est un garçon d'une vingtaine d'années, au visage rond et bête. Moi, comme vous savez, j'aime le peuple et me mets volontiers à sa portée. Nous nous sommes trop éloignés du peuple, c'est une vérité. Je crois que vous riez, Chestomazov ?

— Moi, non, Dieu m'en garde! Je vous écoute bien attentivement, répondit Alexey d'un air bon enfant.

Et le susceptible Kolia reprit le fil de son discours.

— Ma théorie, voyez-vous, Chestomazov, est simple et claire. J'ai une foi profonde dans le peuple, et suis toujours bien aise de lui rendre justice, tout en ne le gâtant pas toutefois. C'est le *sine qua*...

Mais il s'agit de l'oie maintenant. Eh bien, je m'adresse donc à cet imbécile et lui réponds : « Je cherche à deviner ce que pense l'oie. » Il me regarde d'un air ahuri. — « Et à quoi donc pense l'oie? »

— « Vois-tu cette charrette d'avoine qui est là, et cette avoine qui s'échappe du sac, et cette oie qui pique le grain sous la roue, vois-tu cela ? »

— « Je le vois. » — « Eh bien, si cette charrette était poussée un peu, est-ce que la roue couperait la tête de l'oie, oui ou non ? » — « Certainement qu'elle la couperait, et là-dessus le moujik ouvre sa bouche toute grande et ne se tient pas de joie. — « Alors, essayons, mon ami. » — « Allons », me répond-il.

Cela ne fut pas long : il tira seulement un peu la bride, tandis que moi je restais à côté pour pousser l'oie.

En ce moment-là justement, le moujik bayait aux corneilles ou causait à quelqu'un. Je n'eus même pas la peine de diriger l'oie, qui mit d'elle-même son cou pour prendre l'avoine juste sous la roue. Je fis signe au garçon, il tira, et la tête fut coupée net. Tout le monde nous aperçoit alors, et voilà qu'ils se mettent tous à crier à la fois : « Tu l'as fait exprès. » — « Mais non. » — « Si, c'est exprès. » Puis les voilà qui crient : « Chez le juge de paix ! »

et l'on m'emmène aussi. — « Tu étais là, toi, et tu l'as aidé. Tout le monde te connaît au marché. »

Et c'est vrai, je ne sais pourquoi; mais tout le monde me connaît au marché, ajouta Kolia d'un air satisfait.

Nous nous rendîmes donc à la file chez le juge de paix. L'oie fermait la marche. Alors mon gars fut pris de peur et se mit à crier comme une femme, ma parole. Le propriétaire des oies était en colère.

— « On pourrait ainsi me les tuer toutes, » criait-il.

Il y avait des témoins, cela va sans dire. Le juge ne délibéra pas longtemps. Il jugea qu'il fallait payer un rouble au marchand et que le garçon garderait l'oie. Il termina en lui recommandant de ne pas recommencer. Le garçon pleurait de plus belle.

— « Ce n'est pas moi, c'est lui qui m'a poussé. »

Et il me désignait au juge.

A cela je réponds tout tranquillement que je ne l'ai pas poussé, que j'avais seulement exprimé l'idée et que ce n'était qu'un « projet ».

Le juge ne put s'empêcher de rire, mais après il s'emporta pour avoir ri ainsi.

— « Je vais vous signaler à vos maîtres, me dit-il, pour que vous ne fassiez plus de tels projets à l'avenir, et que vous vous occupiez plutôt de vos livres et de vos leçons. »

Il n'en a pas parlé à mes maîtres; il disait cela en plaisantant, ce qui n'empêcha pas l'affaire de s'ébruiter et d'arriver jusqu'à leurs oreilles. Elles sont si longues, chez nous.

Ce sont surtout les professeurs classiques qui m'en voulaient. Heureusement que Dardanelov m'a défendu, mais depuis ce temps Kolbasnikov est mauvais avec moi comme un âne rouge.

Ne sais-tu pas, Ilioucha, qu'il s'est marié avec mille roubles de dot, mais sa femme a un museau de premier ordre et de dernier degré. La troisième classe a même fait là-dessus une épigramme très drôle que je t'apporterai. De Dardanelov je ne veux rien dire; c'est un homme instruit, un véritable érudit. Moi, j'aime ces gens-là, non parce que celui-là a pris ma défense...

— Tu l'as pourtant maté à propos de la fondation de Troie, interrompit Smourov, qui était décidément très fier de Krasotkine et qui s'était fort amusé de l'histoire de l'oie.

— Ah! vraiment, vous l'avez maté, saisit au vol le capitaine, qui ne cherchait qu'à flatter Krasotkine. Nous avons entendu parler de cette question de Troie. Ilioucha m'a raconté la chose.

— Il sait tout, papa, il sait tout mieux que nous, dit Ilioucha à son tour. — Il ne se vante pas ; mais chez nous il est le plus fort dans toutes les sciences...

Ilioucha contemplait Kolia avec un bonheur infini.

— Cette question de Troie, c'est une bêtise, et c'est pour moi tout à fait insignifiant, fit Kolia avec une feinte modestie.

Il avait déjà pu reprendre son ton ordinaire, mais il était encore en proie à une certaine inquiétude.

Il se sentait très agité et pensait qu'il avait déjà mis trop d'expansion en racontant l'histoire de l'oie.

Alexey gardait le silence et ne départait pas de son air sérieux, ce qui fit qu'un doute pénétra dans le cœur du trop susceptible gamin.

« Peut-être, pensait-il, garde-t-il le silence parce qu'il me méprise et croit que j'ai besoin de son approbation. Eh bien, si c'est comme cela, je !... »

— Je considère cette question comme une chose tout à fait futile, ajouta-t-il d'un ton bref n forme de péroraison.

— Je sais, moi, qui a fondé Troie, dit alors un des enfants resté jusque-là silencieux et intimidé.

C'était un enfant de onze ans environ, à la figure avenante et qui se nommait Kartachov.

Il était assis tout près de la porte.

Kolia regarda ce nouvel interlocuteur d'un air grave et étonné.

Il faut ici remarquer que la question de la fondation de Troie s'était transformée en une sorte d'énigme, et il fallait pour la résoudre chercher dans le traité de Smaragdov. Or Smaragdov ne se trouvait nulle part dans la ville, excepté chez Kolia.

Un jour que Kolia avait le dos tourné, le petit Kartachov avait ouvert furtivement le livre de Smaragdov et justement était tombé sur l'endroit où l'on traitait des fondateurs de Troie.

Depuis longtemps il avait fait cette découverte, mais il n'avait pas encore osé dire en public qu'il savait aussi qui avait fondé Troie, de peur d'avoir maille à partir avec Kolia.

Ce jour-là, sans savoir pourquoi, il ne put se tenir et dit ce que depuis longtemps il avait sur la conscience.

— Eh bien, alors, dis-nous donc un peu qui a fondé Troie, fit Kolia, se tournant vers lui d'un air hautain.

Il avait lu déjà sur le visage du gamin que celui-ci le savait et il s'était préparé à toutes les conséquences de cette révélation.

L'attention fut générale et diversement partagée.

— Troie fut fondée par Dardanus Ilius et Tros, répondit avec aplomb le gamin, mais aussitôt il rougit tellement que c'était pitié de le voir.

Pendant une minute entière les autres gamins ne le quittèrent pas des yeux, puis tous les regards se portèrent à la fois sur Kolia.

Celui-ci continuait à mesurer du regard le gamin insolent.

— C'est-à-dire comment ont-ils fondé Troie? daigna-t-il enfin questionner. Qu'est-ce que c'est, d'ailleurs, en général que de fonder une ville ou un État? Comment cela se fait-il? Sont-ils venus chacun, à leur tour, en apportant une pierre?

Tout le monde se mit à rire.

Le coupable devint rouge pourpre. Il ne disait mot et était prêt à pleurer.

Kolia le tint une minute encore dans cette situation.

— Pour discuter des événements historiques aussi importants que la fondation d'une nationalité, il faut d'abord comprendre ce que cela veut dire, dit Kolia d'un ton doctoral. D'ailleurs, je ne vois aucune importance à tous ces contes de femmes, et j'ai peu d'estime pour l'histoire.

Ces derniers mots furent dits d'un air négligé et semblaient s'adresser à toute la société.

— C'est de l'histoire universelle que vous parlez? fit le capitaine comme effrayé.

— Oui, de l'histoire universelle. Il n'y a là que l'étude d'une série de bêtises humaines. Pour moi, j'apprécie seulement les mathématiques et les sciences physiques, répondit Kolia en jetant un regard furtif du côté d'Alexey, car il ne craignait que l'opinion de Chestomazov.

Celui-ci ne disait rien et gardait son air sérieux. S'il eût dit quelque chose on aurait su à quoi s'en tenir, mais Alexey ne risquait pas un mot, et « son silence pouvait être le silence du mépris ».

Kolia s'irritait donc de plus en plus.

— Puis parlons encore des langues mortes. Voilà certes une folie... Mais je crois que vous n'êtes pas encore de mon avis, Chestomazov.

— Non, je ne suis pas de votre avis, répondit Alexey avec un sourire contenu.

— Les langues classiques, si vous voulez savoir là-dessus mon opinion, sont une mesure de police, et c'est dans cet unique but qu'on nous les fait étudier. Et on le fait parce qu'elles sont ennuyeuses et par suite atrophient nos facultés. On s'ennuyait déjà beaucoup, on a voulu qu'on s'ennuyât davantage. On était déjà assez abruti ; que pouvait-on faire pour nous abrutir davantage? On a inventé les langues classiques. Voilà mon opinion absolue, et j'espère n'en changer jamais, conclut Kolia d'un ton bref, et une pointe de rouge monta à ses joues.

— C'est pourtant vrai, dit d'une voix sonore Smourov, qui l'avait écouté attentivement.

— Et cependant il est premier en latin, dit l'un des enfants.

— Oui, papa, il parle comme cela, et il est tout de même le premier de notre classe en latin, confirma Ilioucha.

Kolia pensa qu'il était nécessaire de se défendre, bien que flatté par cet éloge.

— Et qu'est-ce que cela prouve? J'apprends le latin parce qu'il faut que je l'apprenne et que j'ai promis à ma mère de terminer mes études. Et puis, à mon avis, quand on entreprend quelque chose il faut le faire bien. Cela ne m'empêche pas au fond de mépriser le classicisme et toute cette duperie... N'êtes-vous pas de mon avis, Chestomazov?

— Pourquoi une « duperie »? demanda Alexey avec un nouveau sourire.

— Mais de grâce, puisque les classiques sont traduits en toutes les langues, ce n'est pas pour les connaître qu'on a besoin du latin. C'est donc uniquement par mesure de police et pour notre abrutissement. Comment ne serait-ce donc pas une duperie?

— Mais qui donc vous a appris tout cela? finit par s'écrier Alexey étonné.

— D'abord je puis le comprendre moi-même et sans qu'on me l'apprenne. Et puis, ce que je vous ai dit à propos des classiques traduits a été répété par le professeur Kolbasnikov devant la troisième classe tout entière...

— Voilà le docteur, s'écria à ce moment Ninotchka, qui jusque-là avait gardé le silence.

En effet, une voiture s'arrêtait devant la porte de la maison.

Le capitaine, qui avait attendu le docteur toute la matinée, se précipita à sa rencontre. « Maman » prit un air de circonstance.

Alexey s'approcha du lit et arrangea l'oreiller d'Ilioucha. Ninotchka, assise dans son fauteuil, ne le quittait pas du regard, examinant comment le jeune homme s'y prenait. Les gamins s'empressèrent de prendre congé et quelques-uns promirent de repasser dans la soirée.

Kolia appela Pérezvon, qui sauta à bas du lit.

— Je ne m'en vais pas, je ne m'en

vais pas, dit Kolia au malade. Je vais attendre dans le vestibule, et quand le docteur partira, je reviendrai avec Pérezvon.

Le médecin entrait justement, la tête haute. Avec ses favoris longs et noirs, son menton rasé de frais et sa fourrure d'ours, il avait l'air de quelqu'un qui se trompe de porte.

Il s'arrêta dès le seuil comme s'il eût été frappé de quelque chose.

— Qu'est-ce que cela? Où suis-je? murmurait-il sans retirer sa fourrure ni sa casquette de loutre.

Ce monde, la pauvreté de cette chambre, le linge tendu sur une corde l'avaient tout à fait déconcerté.

Le capitaine se courbait en deux devant lui.

— Vous êtes ici, ici, murmurait-il obséquieusement. C'est chez moi que vous devez venir...

— Snéguirev, fit le docteur d'une voix traînante et haute, monsieur Snéguirev, c'est vous?

— C'est moi.

— Ah!

Le docteur regarda encore autour de lui avec dégoût et ôta sa pelisse.

On aperçut alors pendue à son cou une décoration importante. Le capitaine prit la pelisse au vol et le docteur retira sa casquette.

— Et où donc est le malade? dit-il d'une voix haute et d'un ton impératif.

XIII

— Que pensez-vous que va dire le docteur? demanda Kolia vivement aussitôt sorti dans le vestibule. Quelle vilaine tête il a, n'est-ce pas? Je ne puis pas souffrir la médecine.

— Ilioucha mourra. Cela ne fait plus de doute, répondit tristement Alexey.

— Les coquins! La médecine est une coquine... Je suis pourtant bien aise, Chestomazov, d'avoir fait votre connaissance, et je le désirais depuis longtemps. Il est regrettable seulement que nous nous soyons rencontrés en de si douloureuses circonstances...

Kolia aurait voulu ajouter quelque chose de plus chaleureux, de plus expansif, mais un je ne sais quoi le gênait. Alexey s'en aperçut, sourit et lui pressa la main.

— Depuis longtemps j'ai appris à estimer en vous une nature exceptionnelle, murmurait Kolia de plus en plus troublé. — J'ai entendu dire que vous êtes mystique et que vous avez été moine. Je sais que vous êtes un mystique, mais... cela ne m'a pas arrêté. Le contact de la réalité vous guérira... Avec des natures comme la vôtre il ne peut en être autrement.

— Qu'est-ce que vous appelez mystique; de quoi ai-je à me guérir? demanda Alexey un peu étonné.

— Eh bien : Dieu et le reste.

— Comment ? Vous ne croyez pas en Dieu ?

— Au contraire, je n'ai rien contre Dieu. Certes Dieu n'est qu'une hypothèse... Mais j'accepte que son existence est nécessaire pour l'ordre sur cette terre, et cœtera... Et même que s'il n'existait pas il faudrait l'inventer, ajouta-t-il en rougissant.

L'idée lui vint alors qu'Alexey pouvait penser qu'il voulait faire montre de ses connaissances et prouver qu'il était un grand.

« Je ne veux pas du tout me vanter de ce que je sais, pensait Kolia, » et le dépit l'envahissait.

— Je vous avoue que je n'aime pas à entrer dans toutes ces discussions. On peut bien, n'est-ce pas, sans croire en Dieu, aimer l'humanité. Voltaire, par exemple, ne croyait pas en Dieu; il aimait cependant l'humanité.

— Si fait, Voltaire croyait en Dieu, mais je crois qu'il y croyait peu, comme d'ailleurs il aimait peu l'humanité, répondit Chestomazov d'un ton doux et naturel mais retenu, comme s'il se fût adressé à quelqu'un de plus âgé que lui.

Kolia fut frappé de cette hésitation d'Alexey dans son opinion sur Voltaire, et surtout de ce qu'il semblait lui abandonner, à lui, le petit Kolia, la solution de la question.

— Avez-vous lu Voltaire? demanda Alexey.

— Non, pas précisément. J'ai lu *Candide* dans la traduction russe, une traduction ancienne et monstrueuse.

— Et vous l'avez compris?

— Oh oui, tout!... Mais pourquoi pensez-vous que j'aurais pu ne pas comprendre? Il y a certes beaucoup de crudités... Et je suis bien capable de comprendre que c'est un roman philosophique et qu'il est écrit pour soutenir une idée, disait Kolia, ne sachant plus comment s'en tirer. — Je suis un socialiste, Chestomazov, socialiste endurci, dit-il tout à coup à brûle pourpoint.

— Socialiste? fit en riant Alexey. Mais depuis quand avez-vous pu le devenir? N'avez-vous pas treize ans seulement?

Kolia fut froissé.

— Et d'abord je n'ai pas treize ans, mais quatorze, je les aurai dans quinze jours. Et puis, je ne comprends pas du tout ce que mon âge peut faire à cela. Il s'agit de mes opinions et non de ma date de naissance, n'est-ce pas?

— Quand vous serez plus âgé, vous vous apercevrez vous-même de l'importance que peut avoir l'âge sur l'opinion. Il me semble aussi que certaines de vos phrases ne sont pas de vous, répondit tranquillement Alexey.

Kolia l'interrompit avec chaleur.

— De grâce! Vous exigez de l'obéissance et du mysticisme. Convenez que la religion chrétienne, par exemple, ne convient qu'aux riches et aux puissants pour tenir en esclavage les classes inférieures. N'est-il pas vrai?

— Ah, je sais où vous avez lu cela, ou bien où l'a lu quelqu'un qui vous l'a appris, s'écria Alexey.

— Voyons, pourquoi voulez-vous que je l'aie lu ou que quelqu'un me l'ait appris? J'ai aussi mes idées à moi... Et puis, si vous voulez, je ne suis pas du tout hostile au Christ. C'était un homme tout à fait humanitaire, qui, s'il vivait de notre temps, eût certes pris parti pour les révolutionnaires et eût joué peut-être un rôle important. C'est même tout à fait certain.

— Mais où donc, où donc avez-vous

pris tout cela? De quel imbécile avez-vous donc fait connaissance?

— Voyons, on ne peut pas cacher la vérité. Certes, en certaines occasions, je cause avec M. Nikitine, mais... Le vieux Belinsky affirmait également ces principes (1).

— Belinsky? Je ne m'en souviens pas. Il n'a écrit cela nulle part.

— S'il ne l'a pas écrit, on affirme du moins qu'il l'a dit. Je tiens cette opinion d'un certain... Du reste, qu'importe.

— Et Belinsky, avez-vous lu ses livres?

— Voyez-vous, non... Je ne l'ai pas lu entièrement. Mais... j'ai lu les passages qui expliquent pourquoi Tatiana n a pas voulu suivre Onéguine (2).

— Comment « n'a pas voulu suivre

(1) Célèbre critique russe.
(2) Héroïne et héros d'un poème de Pouchkine.

Onéguine »? Mais... est-ce que vous comprenez déjà cela?

— Permettez! Il me semble que vous me prenez pour le petit Smourov, fit Kolia d'un ton irrité. — Ne croyez pas d'ailleurs que je sois déjà un révolutionnaire aussi enragé. Je me trouve souvent en désaccord avec M. Nikitine. Si j'ai parlé de Tatiana, cela ne veut pas dire que je suis partisan de l'émancipation des femmes. J'accepte que la femme est un être inférieur et qui doit obéir. Que les femmes tricotent, a dit Napoléon, et je partage en cela l'opinion de ce pseudo-grand homme. Je pense aussi que quitter son pays pour s'enfuir en Amérique est une bêtise, je dirai même une bassesse. Pourquoi aller en Amérique quand nous pouvons servir l'humanité chez nous, et surtout maintenant quand nous avons ici une masse d'activité fructueuse. C'est ce que je répondis.

— Répondis, mais à qui? Est-ce que quelqu'un vous a déjà proposé de partir pour l'Amérique?

— Je vous avoue qu'on m'y a poussé, mais j'ai refusé. Il va sans dire, Chestomazov, que cela est entre nous et que vous n'en direz mot à personne. Je ne l'ai dit qu'à vous seul. Je n'ai aucun désir de tomber entre les pattes de la Troisième Section (1) et de prendre des leçons au Pont-de-Chaînes (2).

« Tu te rappelleras la maison
« Qu'on voit auprès du Pont-de-Chaînes!

Vous souvenez-vous de ces vers? Ils sont magnifiques. Mais pourquoi riez-vous? Croyez-vous que ce soit là des contes.

« Qu'arrivera-t-il s'il apprend que je n'ai dans la bibliothèque de mon père

(1) Police secrète.
(2) Lieu où se trouve le bâtiment de la troisième section à Pétersbourg.

que ce numéro du *Tocsin* et que je n'ai pas lu autre chose », pensa-t-il tout à coup avec un frisson.

— Oh non, je ne ris pas, et je ne pense pas que vous m'ayez fait des contes, car c'est la vérité, et c'est précisément là le malheur. Dites-moi encore, avez-vous lu Pouchkine? Vous venez de parler de Tatiana.

— Non, je ne l'ai pas encore lu, mais je veux le lire. Je n'ai pas de préjugés, Chestomazov, je veux écouter les deux parties. Pourquoi me demandez-vous cela?

— Comme cela.

— Dites-moi, Chestomazov, est-ce que vous me méprisez beaucoup, dit Kolia brusquement, et il se campa devant Alexey comme s'il s'attendait à une lutte.

— Je vous en prie, sans façon.

— Vous mépriser? demanda Alexey étonné. Mais pourquoi donc? J'ai seulement de la tristesse de voir une bonne nature comme la vôtre, qui à peine a commencé de vivre, être aussi dévoyée par des sornettes grossières.

— De ma nature, ne vous en inquiétez pas. Je suis soupçonneux, c'est vrai, bêtement, grossièrement même. Je vous ai vu sourire tout à l'heure, et il me semblait que vous...

— Je souriais pour une cause tout à fait différente et que voilà : j'ai lu récemment un article d'un Allemand qui a vécu en Russie, au sujet de la jeunesse studieuse actuelle. « Montrez, écrit-il, à un écolier russe une carte du ciel dont il n'a encore jamais eu connaissance, et le lendemain il vous rapportera la carte corrigée. »

Peu de savoir et une suffisance sans bornes; voilà ce que l'Allemand voulait dire de l'écolier russe.

— Mais cela est absolument vrai, fit

Kolia en éclatant de rire, c'est plus que vrai. Bravo! pour l'Allemand! Mais M. Choucroutman n'a pas vu peut-être le bon côté. Qu'en pensez-vous? La suffisance, je l'admets, c'est péché de jeunesse et qui se corrige s'il faut qu'il soit corrigé; mais, d'un autre côté, il y a l'esprit d'indépendance, qui nous vient de l'enfance; il y a la hardiesse de la pensée et de la conviction, bien différente de leur obséquiosité choucroutienne en face de l'autorité... Mais l'Allemand a bien parlé tout de même, Bravo! pour l'Allemand! Il faut pourtant étouffer les Allemands. Qu'ils soient forts en science cela va sans dire, et pourtant il faut les étouffer...

— Mais pourquoi les étouffer? demanda Alexey avec un nouveau sourire.

— J'ai peut-être un peu forcé l'expression. Je suis parfois un véritable enfant, et quand je suis content de dire quelque chose je ne me retiens pas, quitte à dire des bêtises... Mais, pendant que nous sommes à dire des bêtises, le médecin est là et y reste bien longtemps. Peut-être examine-t-il aussi la maman et Ninotchka, l'estropiée? Savez-vous qu'elle m'a beaucoup plu, cette Ninotchka? Quand je sortais, elle a murmuré à mon oreille : « Pourquoi n'êtes vous pas venu plus tôt? » Et de quelle voix pleine de reproches a t-elle dit cela? Il me semble qu'elle est très bonne et bien digne de pitié.

— C'est vrai, c'est vrai. Vous allez les voir, et vous saurez alors quelle créature est Ninotchka. Il vous sera très utile de fréquenter ces créatures pour les apprécier, et vous apprendrez, en les connaissant, bien des choses. Cela vous changera mieux que tout.

— Combien je regrette, combien je

m'en veux de n'être pas venu plus tôt!
s'écria Kolia avec amertume.

— Oui, c'est bien regrettable. Vous avez vu vous-même quelle impression de joie vous avez faite sur le pauvre petit et combien il se chagrinait en votre attente.

— Ne m'en parlez pas, cela me fait de la peine. Je n'ai que ce que je mérite, au reste. Je ne suis pas venu voir Ilioucha par amour-propre, par un amour propre égoïste et le bas désir de m'imposer, sentiment dont je ne peux me défaire et que j'ai combattu en moi toute ma vie. Je le vois bien maintenant, Chestomazov, je ne suis qu'un vaurien.

—Non, vous êtes une nature excellente mais déviée de son chemin; et maintenant je ne comprends que trop votre influence sur cet enfant d'esprit si noble et impressionnable jusqu'à la maladie.

— Et c'est vous qui me le dites? Eh

bien, imaginez vous que je pensais, et même tout à l'heure, que vous me méprisiez ! Si vous saviez seulement combien votre opinion m'est précieuse ?

— Mais êtes-vous donc si soupçonneux que cela !... en vérité, à votre âge ! Imaginez-vous que je pensais justement tout à l'heure en vous regardant, quand vous parliez dans la chambre, que vous deviez être très soupçonneux.

— Vous avez pensé cela ? Quelle perspicacité vous avez ! Vous voyez. Eh bien, je parie que vous l'avez pensé justement quand je racontais l'histoire de l'oie. Je pensais à ce moment-là que vous me méprisiez parce que je me montrais un garçon si grave. J'en ai même eu une sorte de haine contre vous, et je me suis mis alors à dire des bêtises. Ensuite, j'ai pensé, en disant que si Dieu n'existait pas il faudrait l'inventer, que je me hâtais trop d'exhiber mon érudition, et cela d'autant plus que j'avais lu cette phrase dans un livre. Je vous jure pourtant que je ne disais pas cela par vanité, mais tout comme cela, sans savoir pourquoi, parce que j'étais joyeux. Je crois que c'était la joie qui me faisait parler ainsi. Et pourtant c'est bien honteux pour un homme de se vanter parce qu'il est joyeux. Je sais bien cela. Heureusement que je sais maintenant en revanche que vous ne me méprisez pas et que ce n'est qu'un effet de mon imagination. Ah! je suis bien malheureux, Chestomazov. Parfois je m'imagine des je ne sais quoi ; je crois que tout le monde, le monde entier se moque de moi, et alors, alors je suis prêt à bouleverser l'ordre social.

— Et vous faites souffrir vos proches.

— Et je fais souffrir mes proches, ma mère surtout... Dites-moi, Chestomazov, suis-je bien ridicule en ce moment ?

— Mais ne pensez donc pas à cela! De grâce, n'y pensez pas! s'écria Alexey. Et puis, qu'est-ce que cela veut dire, ridicule? Que de fois l'homme est ou semble être ridicule. Et de plus, presque tous les gens capables aujourd'hui craignent le ridicule, et cela est la cause de leur malheur. Ce qui m'étonne seulement, c'est que vous ayez ressenti si tôt un pareil sentiment. J'ai déjà pourtant fait la même observation sur d'autres. En notre temps, jusqu'aux enfants en souffrent. C'est comme une manie; le diable, on dirait, s'est incorporé dans cet amour-propre et s'est emparé de toute notre génération... Oui, c'est bien le diable, fit Alexey.

Et il ne riait pas comme l'avait pensé Kolia, qui le regardait fixement.

— Et vous, vous êtes comme les autres, c'est-à-dire comme beaucoup ; seulement il ne faut pas être comme les autres.

— Quand même tous les autres seraient comme cela ?

— Quand même tous les autres seraient comme cela, vous seul ne le soyez pas. Et à vrai dire, vous n'êtes pas comme les autres. Ainsi, vous n'avez pas eu honte d'avouer maintenant ce que vous croyez être mauvais et ridicule en vous. Qui donc l'avoue aujourd'hui ? Personne. On n'éprouve même pas le besoin de faire son examen de conscience. Ne soyez donc pas comme les autres, même si vous étiez seul à être ainsi.

— C'est parfait. Je ne me suis pas trompé à votre égard. Vous avez le don de consoler. Oh ! comme j'aspirais à vous voir, Chestomazov ! Depuis combien de temps j'avais cherché à vous rencontrer. Avez-vous vraiment pensé aussi à moi ? Vous le disiez tout à l'heure.

— Oui, j'ai entendu parler de vous et j'ai pensé à vous. Et si c'est l'amour-propre qui vous a dicté votre question, cela ne fait rien.

— Savez-vous, Chestomazov, que ce que vous venez de dire ressemble un peu à une déclaration d'amour, dit Kolia d'une voix douce et pénétrante. Ce n'est pas ridicule? Dites-moi, n'est-ce pas ridicule?

— Pas du tout ridicule, et même si cela était, cela ne ferait rien, parce que c'est un bon sentiment, dit Alexey avec un franc sourire.

— Et savez-vous, Chestomazov, vous pouvez en convenir, que vous-même vous vous sentiez un peu honteux avec moi... Je vois cela dans vos yeux, dit Kolia d'un air malin et heureux à la fois.

— Honteux! Mais de quoi?

— Et pourquoi rougissez-vous?

— Mais c'est vous qui me faites rougir, dit Alexey en riant et en rougissant tout de bon. — Oui, c'est vrai ; je me sens un peu honteux. Dieu sait pourquoi...

— Oh! que je vous aime et que je vous apprécie en ce moment, justement parce que vous avez honte avec moi, parce que vous êtes comme moi, s'écria Kolia, pris d'un véritable transport.

Ses joues flambaient, ses yeux étincelaient.

— Écoutez, Kolia, vous serez dans la vie un homme très malheureux, dit alors Alexey.

— Je le sais, je le sais ; mais vous, comment savez-vous d'avance tout cela?

— Mais dans son ensemble vous serez pourtant satisfait de la vie.

— Précisément! Hourrah! Vous êtes un prophète. Nous nous entendrons bien, Chestomazov. Ce qui me fait surtout plaisir, savez-vous, c'est que vous me parlez comme à un égal. Et nous sommes loin pourtant d'être égaux; vous m'êtes bien supérieur, mais nous nous entendrons. Imaginez-vous que je me répétais sans cesse pendant ces derniers mois! « Ou bien dès la première rencontre nous serons amis pour toujours, ou bien nous nous séparerons, dès ce premier jour, ennemis jusqu'à la tombe... »

— Si vous pensiez ainsi, certes vous m'aimiez déjà.

— Je vous aimais, oui, je vous aimais beaucoup. Je vous aimais et je rêvais de vous. Comment donc avez-vous pu deviner tout cela?.. Mais parlons bas, voilà le médecin. Que va-t-il dire?... Voyez quelle figure il a.

XIV

Le médecin sortait de la chambre enveloppé de sa pelisse et la casquette sur la tête.

Son visage exprimait à la fois la mauvaise humeur et le dégoût. On eût dit qu'il avait peur de se salir. Il jeta un coup d'œil rapide dans le vestibule, dévisageant d'un air sévère Alexey et Kolia.

Alexey ouvrit la porte, fit signe au cocher, et la voiture qui avait amené le docteur s'arrêta devant les marches du perron. Le capitaine courut après le médecin et, s'inclinant, l'arrêta pour lui demander un dernier mot. Le malheureux était consterné et son visage exprimait l'effroi.

— Votre Excellence! Votre Excellence!... Est-ce donc possible?... fit-il.

Mais il ne put achever; il joignit seulement les mains d'un geste désespéré et regarda encore le médecin d'un œil suppliant comme si un dernier mot pût changer l'arrêt qui venait d'être prononcé sur son fils.

— Que puis-je faire? Je ne suis pas un Dieu, répondit le médecin d'une voix traînante particulière aux grands praticiens.

— Docteur! Votre Excellence!... Et c'est bientôt? bientôt?

— Préparez-vous à tout, dit le médecin en scandant chaque syllabe, et il s'apprêtait à franchir le seuil.

— Votre Excellence! pour l'amour

du Christ! l'arrêta encore le capitaine tout effrayé. Votre Excellence! Alòrs il y a rien, rien, rien pour le sauver?...

— Maintenant, ce n'est pas de moi que cela dépend, répondit avec impatience le médecin, et cependant... hum !... fit-il encore en s'arrêtant... Si, par exemple, vous pouviez... diriger... votre malade... de suite et sans perdre de temps... (ces mots « de suite et sans perdre de temps » furent prononcés gravement et presque avec colère, ce qui fit tressaillir le capitaine) à Syracuse... alors, à cause des conditions favorables du climat, il se pourrait peut-être produire...

— A Syracuse! sécria le capitaine sans comprendre.

— Syracuse est en Sicile, expliqua tout à coup Kolia d'une voix haute.

Le docteur le regarda surpris.

— En Sicile! petit père! Votre Excellence ! Mais vous avez vu, ajouta-t-il en montrant autour de lui. — Et la maman? et la famille ?

— Non, la famille n'a pas besoin d'aller en Sicile. Votre famille doit aller au Caucase à ce printemps... Votre fille au Caucase, et votre femme, après avoir suivi les eaux au Caucase pour ses rhumatismes..., doit aller tout de suite à Paris, à la clinique du médecin aliéniste Lepelletier. Je vous donnerai un mot pour lui, et alors il se pourrait peut-être produire...

— Docteur! docteur! Mais vous voyez bien, fit le capitaine montrant encore d'un geste désespéré les murs de bois dénudés du vestibule.

— Ah! cela ne me regarde pas, dit le docteur avec un sourire. Je n'ai dit que ce que peut dire la science en réponse à votre question sur les derniers moyens. Quant au reste... à mon grand regret...

— Ne vous inquiétez pas, *médecin*, mon chien ne vous mordra pas, dit tout à coup Kolia en remarquant l'air inquiet du médecin à la vue de Pérezvon qui se tenait sur le seuil.

Une note indignée perçait dans la voix de Kolia. Quant au mot « médecin », employé au lieu de celui de docteur, il l'avait dit à dessein et pour l'offenser, comme il l'avoua dans la suite.

— Plaît-il ? dit le médecin en levant la tête et en regardant Kolia avec étonnement.

— Qui est-il ? demanda-t-il à Alexey, comme s'il l'en rendait responsable.

— C'est le maître de Pérezvon, médecin ; ne vous inquiétez pas de ma personnalité, repartit Kolia d'un ton tranchant.

— Zvon ? zvon ? répéta le médecin sans comprendre.

— Oui *zvon* (1), mais il ne sait où cela

(1) Ce mot signifie en russe « sonnerie ».

sonne. Adieu, médecin, nous nous retrouverons à Syracuse.

— Qui est-il? qui est-il donc? s'écria le docteur tout en colère.

— C'est un écolier, docteur, un grand espiègle; ne faites pas attention, dit alors Alexey en fronçant les sourcils. — Taisez-vous, Kolia, cria-t-il ensuite à Krasotkine. N'y faites pas attention, docteur, reprit-il, encore plus impatient.

— Fouettez-le! Il faut qu'on le fouette! criait en frappant du pied le docteur hors de lui.

— Mais savez-vous, médecin, que mon Pérezvon sait aussi mordre, fit Kolia d'une voix tremblante, pâle et l'œil allumé. — Ici! Pérezvon!

— Kolia, si vous dites encore un mot, je romps avec vous pour toujours! dit alors Alexey d'une voix impérative.

— Médecin, il n'y a qu'un seul homme au monde qui puisse donner des ordres à Nicolaï Krasotkine, et c'est celui-là (il désignait Alexey), je lui obéis. Adieu.

Il alla à la porte et entra dans la chambre.

Le médecin resta cinq seco..…s encore comme pétrifié, puis cracha et se dirigea vers sa voiture en répétant :

— Cet... cet... ce je ne sais pas quoi...

Le capitaine se précipitait derrière lui pour l'aider. Alexey suivit Kolia dans la chambre.

Kolia était déjà près du lit d'Ilioucha. Le malade lui tenait la main et demandait son père. Un instant après le capitaine rentrait aussi.

— Papa, papa, viens ici... Nous..., murmura Ilioucha très ému et sans avoir la force de continuer. Il tendit ses deux bras maigres, étreignit de toutes ses forces Kolia et son père en se serrant contre eux.

Le capitaine tremblait ; des sanglots

étouffés, sortaient de sa gorge secouée ; les lèvres et le menton de Kolia tremblaient aussi.

— Papa ! papa ! Comme je te plains, ô mon papa !

— Ilioucha, mon pigeon, le médecin a dit... que tu guériras... Nous serons heureux... le médecin...

— Ah ! papa, je sais bien ce que le nouveau docteur a dit... j'ai bien vu ! dit Ilioucha.

Et il les serra encore tous deux contre lui en tournant son visage vers son père.

— Papa, ne pleure pas... Puis, quand je mourrai, tu prendras un autre gamin, un bon... Choisis toi-même le meilleur parmi eux ; appelle-le Ilioucha et aime-le à ma place.

— Tais-toi, vieux, tu guériras ! s'écria comme en colère Krasotkine.

— Quant à moi, papa, ne m'oublie pas,

ne m'oublie jamais, continua Ilioucha; viens voir ma petite tombe... Et puis, papa, enterre-moi près de la grande pierre où si souvent nous avons été nous promener ensemble. Viens y avec Krasotkine, vers le soir... et Pérezvon aussi... et moi je vous attendrai... Papa!... papa!

Sa voix s'arrêta. Tous les trois demeuraient enlacés, silencieux. Ils ne disaient plus rien.

Ninotchka, pleurait sur son fauteuil, et tout à coup, voyant tout le monde en larmes, la maman se mit à sangloter à son tour.

— Ilioucha! Ilioucha! gémissait-elle.

Krasotkine se dégagea vivement de l'étreinte d'Ilioucha.

— Au revoir, mon vieux, ma mère m'attend pour le dîner, dit-il d'un ton affairé. Quel dommage que je ne l'aie pas prévenue. Elle va beaucoup s'inquiéter. Mais après le dîner, je vais revenir près de toi pour toute la journée, toute la soirée, et comme je vais te raconter des contes ! J'emmène Pérezvon, car il va autrement se mettre à hurler, et cela t'ennuiera. Au revoir !

Il passa dans le vestibule. Il n'avait pas voulu pleurer, mais là il ne pouvait plus se retenir.

C'est dans cet état qu'Alexey le retrouva.

— Kolia, il faut que vous teniez votre parole, sans quoi il sera très chagriné, lui dit-il d'une voix ferme.

— Je la tiendrai. Oh ! que je me maudis de n'être pas venu plus tôt, murmurait-il et sans plus cacher ses pleurs.

En ce moment accourut le capitaine refermant derrière lui la porte de la chambre. Son visage exprimait le plus profond désespoir et ses lèvres tremblaient.

Il s'arrêta devant les deux jeunes gens et leva les bras en l'air :

— Je ne veux pas d'un bon gamin ! Je ne veux pas d'un autre gamin !

Sa voix était rauque et sauvage et ses dents grinçaient.

— Si je t'oublie, Jérusalem, que je...

Il n'acheva pas et tomba à genoux devant le banc de bois. Il serrait sa tête dans ses mains et sanglotait, tout en s'efforçant de comprimer ses gémissements pour ne pas être entendu dans la chambre.

Kolia se précipita dans la rue.

— Au revoir, Chestomazov; et vous, viendrez-vous ? fit-il d'une voix rude.

— Ce soir sûrement.

— Qu'est-ce qu'il disait donc de Jérusalem ?... Qu'est-ce encore que cela ?

— C'est une citation de la Bible :

« Si je t'oublie, Jérusalem », c'est-à-dire si j'oublie tout ce que j'ai de précieux, si je l'échange contre quoi que ce soit, que je sois frappé...

— C'est assez, j'ai compris. N'oubliez pas de venir. Ici, Pérezvon! cria-t-il à son chien d'une voix plus dure encore, et il se dirigea chez lui à grands pas.

XV

. . . .
. . . .

Une petite bière couverte de fleurs était prête pour aller à l'église.

C'était la bière d'Ilioucha. Il n'avait survécu que dix jours à la visite du célèbre docteur.

Alexey arriva le dernier; il était en retard. Tout le monde l'attendait avec impatience et avait hâte de le voir paraître.

Les camarades d'Ilioucha le saluèrent. Il y avait là une douzaine d'enfants qui portaient tous leur sac en bandoulière.

« Papa pleurera ; restez avec papa », avait dit Ilioucha en mourant.

Les enfants s'étaient souvenus.

Kolia Krasotkine marchait à leur tête.

— Que je suis heureux de vous voir venir, Chestomazov ! s'écria-t-il en tendant la main à Alexey. — C'est navrant, ici, ma parole, cela est pénible à voir. Sneguirev n'est pas ivre, nous en sommes sûrs ; il n'a rien bu d'aujourd'hui, et pourtant il semble énivré... J'ai toujours mon sang-froid ; mais ici, c'est à n'y pas tenir... Pardonnez-moi si je vous retiens encore un instant, Chestomazov ; je voudrais vous faire une question avant que vous n'entriez.

— Qu'est-ce donc, Kolia?

— Dites-moi, votre frère est-il coupable ou non ? Est-ce lui ou le domestique qui a tué son père ? Ce sera pour moi comme vous me le direz. Voici quatre nuits que je ne dors pas en y pensant.

— C'est le laquais qui a tué, et mon frère est innocent, répondit Alexey.

— Moi aussi je l'ai dit! fit tout à coup Smourov.

— Donc il va mourir, victime innocente! s'exclama Kolia. Eh bien! s'il est perdu, il est heureux pourtant, et moi j'envierai son sort.

— Que dites-vous là? Pourquoi? demanda Alexey étonné.

— Oh! si je pouvais aussi me sacrifier un jour pour la vérité! s'écria Kolia.

— Mais pas dans une semblable affaire, au milieu de tant de honte et de terreur!

— Eh bien, moi aussi! s'écria parmi les autres un gamin, celui-là même qui avait dit un jour qu'il savait qui avait fondé Troie. Et de même que l'autre fois, après avoir lancé sa phrase, il devint rouge jusqu'aux oreilles.

Alexey entra dans la chambre.

Dans une petite bière bleue, garnie d'une ruche blanche, était couché Ilioucha les mains jointes, les yeux fermés. Les traits de son visage maigri étaient à peine altérés et, chose étrange, aucune mauvaise odeur ne s'exhalait du corps. L'expression de son visage était grave ; on eût dit qu'il pensait. Ses mains jointes en croix, comme sculptées dans le marbre, étaient particulièrement belles. On avait placé des fleurs entre ses doigts ; d'ailleurs, toute la bière en était couverte. De nouvelles fleurs étaient arrivées de la part de Katérina Ivanovna, et quand Alexey entra le père les semait sur le corps de son enfant.

A peine le capitaine jeta-t-il un regard sur Alexey. Il ne voulait voir personne, même sa femme folle, « sa maman tout en pleurs », qui s'efforçait de se dresser sur ses jambes malades pour voir de plus près son petit mort.

Les enfants avaient aussi porté tout près de la bière Ninotchka dans sa chaise. Elle restait là, penchant la tête sur le mort et pleurant doucement.

Le visage de Sneguirev était animé et exaspéré. Il avait dans ses gestes et dans les paroles qui lui échappaient quelque chose d'un fou.

— Batiouchka, mon cher batiouchka (1), s'exclamait-il à tout propos en regardant Ilioucha.

Il avait cette habitude du vivant même d'Ilioucha de lui dire en signe de tendresse : Batiouchka! mon cher batiouchka!

— Papa, donne-moi aussi des fleurs, prends-en dans sa main, celle-ci, la

(1) Petit père.

blanche, et donne-la-moi, demanda la maman en sanglotant.

Etait-ce parce que cette petite rose blanche qui était dans la main d'Ilioucha lui faisait plaisir, ou bien parce qu'elle voulait avoir ce souvenir de la main de son fils ; toujours est-il qu'elle s'agitait beaucoup et tendait ses mains vers la fleur.

— Je ne la donnerai pas. Je ne donnerai rien, s'écria d'une voix dure Sneguerev. — Ces fleurs sont à lui et pas à toi. Toutes à lui et pas à toi.

— Papa, donnez donc à maman la fleur, fit Ninotchka en levant ses yeux remplis de pleurs.

— Je ne donnerai rien. A elle moins qu'à personne. Elle ne l'aimait pas. Elle lui a déjà pris son petit canon, ajouta le capitaine en pleurant à haute voix au souvenir d'Ilioucha cédant son petit canon à sa maman.

La pauvre folle couvrit de ses mains son visage et se mit doucement à sangloter.

Les gamins voyant que le père ne quittait pas la bière et qu'il était temps de la porter se serrèrent tout autour et se mirent à la soulever.

— Je ne veux pas qu'on l'enterre dans le cimetière! s'écria alors Sneguerev. Je veux l'enterrer près de la pierre, près de notre pierre, comme il m'a ordonné. Je ne le laisserai pas emporter.

Déjà, pendant les trois jours précédents, il avait dit qu'il l'enterrerait près de la pierre; mais Alexey, Krasotkine, sa sœur, la propriétaire et tous les enfants intervinrent.

— Voyez cette invention de l'enterrer près d'une pierre impure comme un suicidé, dit sévèrement la vieille propriétaire. Dans le cimetière, c'est terre sainte; il y a des croix, on priera sur lui. Là on entend les chants de l'église, et le diacre prononce si bien et si distinctement que tout arrivera jusqu'à lui comme si l'on priait sur sa tombe.

Le capitaine fit enfin de la main un geste qui semblait dire : Portez-le où vous voudrez.

Les enfants soulevèrent la bière ; en passant près de la maman, ils s'arrêtèrent un instant devant elle et se baissèrent pour qu'elle pût dire adieu à Ilioucha.

Mais quand elle aperçut de près ce cher visage que pendant ces trois jours elle n'avait considéré qu'à distance, elle se prit à trembler et agita au-dessus de la bière, comme dans une convulsion sa tête grisonnante.

— Maman, fais un signe de croix sur lui, bénis-le, embrasse-le, lui cria Ninotchka.

Mais l'autre, comme un automate,

continuait à agiter sa tête, et, silencieuse, le visage convulsé par un terrible chagrin, elle se mit à frapper de ses poings sa poitrine.

On porta la bière un peu plus loin; Ninotchka mit pour la dernière fois ses lèvres sur celles de son frère mort quand on passa devant elle.

En sortant, Alexey pria la propriétaire de prendre garde à ceux qui restaient à la maison, mais elle ne le laissa même pas achever.

— Cela va sans dire que je resterai avec eux. Ne sommes-nous pas des chrétiens? disait la vieille en pleurant.

XVI

L'église n'était pas éloignée. Il y avait au plus trois cents pas.

La journée était claire et sereine; il gelait légèrement. La cloche de l'église tintait. Sneguirev allait de-ci de-là, derrière le cercueil, éperdu, serré dans son vieux paletot léger et court. Sa tête était découverte ; il tenait à la main son vieux chapeau mou à larges bords.

Il semblait en proie à un seul souci vague. Tantôt il tendait le bras pour soutenir la bière par derrière, en dérangeant les porteurs; tantôt il allait de côté, cherchant une place pour soutenir. Une fleur tomba sur la neige. Il se précipita pour la ramasser, comme si tout eût dépendu de cette fleur.

— Et le croûton de pain ? Le croûton de pain, on l'a oublié ! s'écria-t-il tout à coup plein d'une indicible frayeur.

Les gamins lui rappelèrent qu'il avait pris le pain et l'avait mis dans sa poche.

Il fouilla dans sa poche, en tira le pain, et, convaincu, se tranquillisa.

— C'est Ilioucha qui l'a dit, c'est Ilioucha qui l'a dit, s'excusa-t-il aussitôt auprès d'Alexey. — Une nuit, il était couché comme cela, et moi j'étais assis près de lui, et il m'ordonna : « Petit papa, quand on remplira de terre ma tombe, mets dessus un morceau de pain pour que les petits oiseaux viennent. Moi, je les entendrai, et je serai heureux de ne pas rester là tout seul. »

— C'est très bien, dit Alexey, il faudra en porter souvent.

— Tous les jours, tous les jours, murmura le capitaine en s'animant.

On arriva enfin à l'église et on posa la bière au milieu de la nef.

Tous les enfants se rangèrent autour, demeurant immobiles pendant tout le temps de l'office. C'était une vieille et pauvre église, où beaucoup d'icones restaient sans ornements. Mais on prie mieux dans ces églises-là.

Pendant le temps de l'office, Sneguirev sembla se calmer un peu. Cependant la même inquiétude inconsciente et sans but réapparaissait en lui. Tantôt il approchait du cercueil pour arranger le drap ou la couronne, tantôt il se précipitait pour remettre un cierge tombé d'un chandelier et passait bien du temps à ce travail. Dans la suite, il se tranquillisa et reprit sa place au chevet de la bière, dans un souci stupide et étonné. Quand on chanta les apôtres, il souffla tout à coup à l'oreille d'Alexey qu'on n'avait pas chanté « comme il fallait », mais sans plus expliquer sa pensée. Quand on chanta l'hymne des chérubins, il se mit à accompagner le chœur, mais ne le termina pas; ses genoux fléchirent, il toucha de son front les dalles de l'église et resta longtemps ainsi.

Enfin, le *Requiem* commença, et on distribua les cierges.

Le père, à demi fou, s'agita de nouveau; le chant funèbre, à la fois pénétrant et doux, réveilla son âme et la remua. Il sembla tout à coup se contracter, et fut pris de sanglots saccadés, d'abord étouffés, puis esquissés à haute voix au moment de dire adieu au mort. Quand on allait refermer la bière, il prit son enfant dans ses mains, et couvrit de baisers ses lèvres froides, comme effrayé de ce qu'on le lui prît à jamais.

On put pourtant lui faire entendre raison ; on lui avait déjà fait descendre les marches, quand, se ravisant, il prit quelques fleurs dans le cercueil.

Il regarda ces fleurs d'un air étrange, comme si une idée nouvelle venait de naître en lui et lui fît oublier l'autre. Puis il s'absorba dans sa rêverie et ne fit aucune opposition quand on souleva la bière pour la porter à la tombe.

Cette tombe était peu éloignée ; elle avait été creusée dans l'enclos, tout près de l'église, et avait été payée très cher par Kâtérina Ivanovna.

Après les rites habituels, les fossoyeurs y descendirent le cercueil.

Sneguerev, ses fleurs à la main, se pencha tellement au-dessus de la fosse que les enfants, effrayés, le saisissant par son paletot, le tirèrent en arrière.

Il ne semblait plus comprendre ce qui se passait autour de lui. Quand on commença à jeter la terre dans la fosse, il la regarda tomber d'un air soucieux en proférant quelques paroles que personne ne put comprendre. Puis il redevint calme. On lui rappela alors qu'il fallait émietter le morceau de pain. Il le saisit convulsivement dans sa poche, l'émietta, et sema les morceaux sur la tombe en marmottant toujours les mêmes mots inintelligibles, du même air préoccupé.

— Et voilà ! voilà ! Venez donc, petits oiseaux !

Un des enfants lui fit remarquer qu'il avait peine avec ses fleurs à la main à émietter le pain, et qu'il ferait mieux de les confier à quelqu'un. Loin de les donner, il fut effrayé à cette réflexion, comme s'il craignait qu'on voulût les lui prendre.

Il considéra alors longtemps la tombe, comme pour constater que tout était en ordre et que les morceaux de pain étaient bien jetés; puis, tournant sur ses talons, il se dirigea tranquillement vers sa maison.

Peu à peu son pas s'accélérait; il se dépêchait, courait presque. Les gamins et Alexey le suivaient à quelques pas.

— Des fleurs pour maman. Des fleurs pour la maman! On a offensé la maman, s'écria-t-il soudain.

Quelqu'un lui fit remarquer qu'il faisait froid et qu'il aurait dû mettre son chapeau, mais lui, comme exaspéré à ce propos, jeta son chapeau sur la neige.

— Non!... Je ne veux pas de chapeau!

Le petit Smourov ramassa le chapeau et suivit le capitaine.

Tous les gamins pleuraient, Kolia et le petit qui avait trouvé Troie plus que les autres. Smourov pleurait aussi sincèrement, et, tout en tenant à la main le chapeau du capitaine, il avait eu le temps pourtant de saisir à la dérobée un morceau de brique rougissant sur la neige et de le jeter à une volée de moineaux.

A mi-chemin, Sneguirev s'arrêta tout à coup, parut penser à quelque chose, puis retourna vers l'église en courant du côté de la tombe de son fils.

Les gamins l'eurent bientôt rejoint et, se pressant autour de lui, cherchaient à le retenir. Alors, à bout de forces, il tomba comme fauché sur la neige, et, au milieu des convulsions et des sanglots, il répétait :

— Batiouchka! Ilioucha! Mon cher batiouchka!

Alexey et Kolia s'efforçaient de lui faire entendre raison.

— Assez! capitaine! Un homme viril doit tout supporter, fit Kolia.

— Mais vous allez abîmer les fleurs, dit Alexey, et pourtant la maman vous attend, et elle pleure parce que vous ne lui avez pas donné tout à l'heure les fleurs d'Ilioucha. Puis il y a là encore le lit d'Ilioucha...

— Oui, oui, c'est vrai, il faut aller chez la maman, fit tout à coup Sneguirev, comme s'il se souvenait. — On apportera aussi le petit lit.

Et il courut à la maison. Le chemin était court, et tous arrivèrent ensemble. Sneguirev ouvrit la porte précipitamment, et s'adressant à sa femme qu'il avait si maltraitée tout à l'heure :

— Ma petite maman, ma chérie, Ilioucha t'envoie des fleurs. Tes petites jambes malades, criait-il, lui tendant le bouquet de fleurs gelées et froissées, qu'il avait brisé en se débattant sur la neige.

Mais, à ce moment, il aperçut devant

le lit d'Ilioucha, rangées dans le coin, les petites bottes de son fils. La propriétaire les avait placées là tout à l'heure. C'étaient de pauvres bottes jaunies et rapiécées.

A leur vue, il leva les bras, se précipita, tomba à genoux, en saisit une et, y appliquant ses lèvres, il les couvrit de baisers en répétant :

— Batiouchka Ilioucha ! Mon cher batiouchka ! Et tes pieds, où sont-ils ?

— Où l'as-tu emporté ? Où donc ça ? criait la folle d'une voix déchirante.

Ninotchka se remit aussi à pleurer.

Kolia sortit bientôt de la chambre, suivi par les autres. Alexey se retira le dernier.

— Qu'ils pleurent, dit-il à Kolia, il n'y a plus de consolations pour eux maintenant. Attendons un peu, nous reviendrons après.

— Oui, c'est impossible ! Cela est terrible, confirma Kolia. Savez-vous, Chestomazov, ajouta-t-il en baissant la voix pour ne pas être entendu des autres, que je ressens une grande tristesse, et je donnerais tout au monde pour le rendre à la vie si cela était possible.

— Moi aussi, répondit Alexey.

— Qu'en pensez-vous, Chestomazov, faut-il revenir ce soir ? Il est sûr qu'il va encore être saoul.

— Cela est possible ; seulement il faudra venir tous les deux ce soir passer une heure avec la mère et Ninotchka, car si nous revenions tous à la fois, nous leur rappellerions ce qui vient de se passer.

— La propriétaire va préparer la table pour le repas des funérailles, je crois, le pope va venir. Faut-il que nous y assistions, Chestomazov?

— Certainement, répondit Alexey.

— Comme cela est étrange, Chestomazov ; voilà un grand malheur, et puis on se met à manger des crêpes. Cela est bien étrange dans notre religion.

— Il y aura aussi de l'esturgeon, fit tout à coup celui qui avait trouvé Troie.

— Je vous demanderai sérieusement, Kartachov, de ne plus venir vous mêler à tout, surtout quand on ne vous demande rien et qu'on n'a même pas besoin de savoir si vous êtes au monde, dit Kolia d'un ton courroucé.

Le gamin devint tout rouge, mais n'osa rien répondre.

Tous suivaient cependant le sentier quand tout à coup Smourov s'écria :

— Voilà la pierre d'Ilioucha où l'on devait l'enterrer !

Tous s'arrêtèrent silencieux près de la grande pierre.

Alexey regarda longuement la pierre;

tout un tableau se déroulait devant ses yeux : comment, jadis, Sneguirev lui avait parlé d'Ilioucha; comment Ilioucha s'écriait en pleurant et en embrassant son père : « Petit papa! petit papa comme il t'a humilié! » Quelque chose de pénible et de grave envahissait à la fois son âme. Il jeta un regard triste sur tous ces visages, regarda ces camarades d'Ilioucha et leur dit :

— Messieurs, je voudrais vous adresser ici quelques mots sur cette place même.

Les enfants l'entourèrent, fixant sur lui leurs visages attentifs et anxieux.

— Messieurs, je reste encore ici quelque temps avec mes deux frères. L'un d'eux s'en ira en Sibérie, l'autre est sur son lit de mort. Bientôt je vais quitter notre ville et peut-être pour bien longtemps. Nous allons donc nous séparer. Mais nous pouvons convenir ici, près de cette pierre d'Ilioucha, que jamais nous n'oublierons cette pierre, et que nous nous souviendrons tous les uns des autres. Quoi qu'il arrive dans l'avenir, même si nous restons pendant vingt ans sans nous rencontrer, rappelons-nous toujours comment nous avons enterré ce pauvre enfant, à qui jadis vous avez jeté des pierres, vous vous souvenez, là, près du petit pont, et que tous depuis vous avez aimé. C'était un bon et brave enfant, il comprenait l'honneur et sentit l'offense que supporta son père et qu'il voulait venger. Souvenons-nous donc de lui, messieurs, pendant toute notre vie, et si même nous étions retenus par les affaires les plus graves, que nous arrivions à la gloire ou succombions à l'adversité, n'oublions jamais combien nous nous sommes sentis bons ici, unis ensemble par un tendre et noble sentiment, qui nous a peut-être rendus meilleurs en nous unissant dans un même amour pour ce pauvre petit. Mes chers amis, permettez-moi de vous appeler ainsi, mes chers enfants, vous n'allez peut-être pas comprendre ce que je vais vous dire, car je parle souvent d'une façon difficile à comprendre; mais cherchez pourtant à vous graver ce que je dis dans votre tête, car un jour vous me comprendrez, j'en suis sûr. Sachez donc que rien n'est plus élevé, plus saint, plus utile dans la vie qu'un bon souvenir, surtout quand on l'emporte de l'enfance, de la maison paternelle. On vous parle beaucoup d'éducation, et pourtant un bon souvenir que l'on garde de l'enfance est peut-être la meilleure des éducations. Si l'homme trouve dans sa vie beaucoup de ces souvenirs, son existence peut être tranquille, et si même il n'en garde qu'un seul au cœur, ce seul souvenir peut encore servir un jour à son salut.

Peut-être serons-nous méchants plus tard, et n'aurons-nous pas la force de nous vaincre devant une action mauvaise.

Nous rirons des larmes humaines, et de ceux qui diront comme Kolia tout à l'heure : « Je veux souffrir pour tous les hommes; » et pourtant, malgré cette méchanceté, dont Dieu nous préserve, si nous nous souvenons comment nous avons enterré Ilioucha, comment nous l'avons aimé ces derniers jours, avec quelle amitié nous en avons parlé ensemble près de cette pierre, alors le plus méchant et le plus railleur d'entre nous n'osera pas, dans le fond de son âme, se moquer de ceux qui sont bons, comme lui-même l'est maintenant. Mais plus encore ; peut-être que ce souvenir l'empêchera de commettre une action méchante, et qu'il se dira : j'étais alors bon, généreux, honnête.

Que cela le fasse sourire, qu'importe ! Souvent l'homme rit des choses bonnes et honnêtes par pure légèreté. Mais, messieurs, je vous assure que s'il sourit son cœur lui dira bien vite : « Non, j'ai tort de sourire, on ne doit pas rire de cela ! »

— Oui, ce sera comme vous dites, Chestomazov ! Oui, je vous comprends ! s'écria Kolia, et ses yeux étincelaient.

Les gamins étaient tout émus et voulaient aussi dire quelque chose, mais ils se continrent, et de nouveau fixèrent des yeux pleins d'attendrissement sur l'orateur.

— Je vous ai dit cela pour le cas où nous deviendrions mauvais, continua Alexey ; mais pourquoi le deviendrions-nous, messieurs ? Soyons donc, avant tout, bons et honnêtes et ne nous oublions jamais les uns les autres. Je vous le répète et je vous en donne ma parole que jaimais je n'oublierai aucun de vous. Je me souviendrai, même à trente ans d'intervalle, de chacun de ces visages que je vois autour de moi.

Kolia a dit tout à l'heure à Kartachov que nous ne voulions même point savoir s'il existait sur la terre. Mais est-ce que je puis oublier que Kartachov est sur cette terre et qu'il ne rougit plus à cette heure comme à l'instant où il a découvert Troie et qu'il est là, qui me regarde de ses yeux joyeux et bons. Messieurs, mes chers amis, soyons tous généreux et braves comme le fut Ilioucha, intelligents, généreux et courageux comme Kolia, qui sera bien plus intelligent en devenant grand. Soyons aussi modestes, mais aussi intelligents et charmants que Kartachov. D'ailleurs, pourquoi parler seulement d'eux seuls? Vous m'ôtes tous chers, messieurs, je vous garderai tous en mon cœur et vous prie de me garder également dans le vôtre...

Qui donc nous a unis dans ce bon sentiment, dont notre vie entière nous garderons le souvenir, sinon Ilioucha, cet enfant charmant, ce gamin qui fut bon avant tout et qui nous sera cher dans l'éternité ! Ne l'oublions donc jamais ! Que son souvenir impérissable vive dans notre cœur aujourd'hui et à jamais !

— C'est bien ! c'est bien ! A jamais ! à jamais ! s'écrièrent les gamins d'une voix claire et d'un air attendri.

— Souvenons-nous de son visage, de ses vêtements, de ces pauvres petites bottes déchirées, de sa petite bière et de son père, ce pauvre pêcheur, et du courage avec lequel il s'est levé pour lui, seul contre toute sa classe.

— Nous nous souviendrons! nous nous souviendrons! répétèrent les gamins; il était brave, il était bon!

— Ah! combien je l'aimais, dit Kolia.

— Ah! mes enfants, mes chers amis, n'ayez pas peur de la vie; qu'elle est belle quand on y fait quelque chose de bon et de juste!

— Oui! oui! criaient les gamins pleins d'enthousiasme.

— Nous nous aimons bien, Chestomazov, fit une voix.

C'était celle de Kartachov.

— Nous nous aimons bien! nous nous aimons bien! répétaient les autres, et de bien des yeux des larmes jaillirent.

— Hurrah! Chestomazov! s'écria Kolia.

— Souvenir éternel!

— Chestomazov, dit Kolia, est-ce

donc bien vrai, comme le dit la religion, que nous ressusciterons tous dans une vie nouvelle où nous nous retrouverons tous et Ilioucha aussi ?

— Oui, nous ressusciterons, oui, absolument. Nous nous reverrons et nous nous raconterons joyeusement ce qui nous est arrivé, répondit Alexey, demi-souriant, demi-enthousiaste.

— Ah ! que cela sera beau ! s'exclama Kolia.

— Et maintenant, arrêtons ces discours et allons au repas des funérailles. Ne vous formalisez pas de ce que nous allons manger des crêpes, c'est une vieille et solennelle habitude qui a du bon, fit Alexey en riant. Eh bien, en route ! Voilà que nous allons déjà bras dessus, bras dessous.

— Et ce sera ainsi, toujours, notre vie entière. Hurrah ! Chestomazov, cria de nouveau Kolia d plus en plus transporté.

Et tous les gamins répétèrent ce cri d'enthousiasme.

FIN

Paris. — Imp. Paul Dupont (Cl.) 398. 4. 89.

www.ingramcontent.com/pod-product-compliance
Lightning Source LLC
Chambersburg PA
CBHW050656170426
43200CB00008B/1311